后浪出版公司

麦肯锡
教我学英语

[日] 赤羽雄二 / 著　　陈曦 / 译

もうこれで英語
に挫折しない

广东旅游出版社
GUANGDONG TRAVEL & TOURISM PRESS
中国·广州

前　言

为什么我们无法坚持学英语

　　有不少商务人士学习英语没多久，就坚持不下去了。他们并非不想学，而是参加工作之后，难免突然接到紧急工作，所以不紧要的英语学习就被推后了。

　　工作忙的时候，一天不学英语不会有何影响，因为没有人规定今天必须学习英语。这样一来，英语学习就被搁置了。

　　即使一天不学，只要能够在第二天学习双倍的量，就没什么大问题。但现实是，我们只要一天不学，就更难抵挡放弃的诱惑。"现在还很忙，再歇一天吧，明天开始学不就行了。马上就能补回来。"结果很容易接连休息两天。

　　一旦连歇两天，往后就会一拖再拖。第三天、第四天……时间转瞬即逝，英语学习却不知从何时开始。这样一来，我们甚至忘记了曾经的学习和努力，只是每天埋头于繁忙的工作。

　　如上所述，商务人士确实很难坚持学习英语。

这次一定要坚持下去

拿起这本书的商务人士，应该有过几次中途放弃英语学习的经历吧？

究其缘由，恐怕是因为抱有"即使今天不学，也不会马上受到影响"这种想法。工作繁忙的商务人士独自发奋学习英语，却迟迟不见成效，因此很难坚持下去。

对商务人士来说，每天都是一场战斗。被上司批评、被下属顶撞，还需要与其他部门协调工作，压力之大可想而知。要处理的文件堆到明天，甚至下周。这样的情况几乎不会有很大改善。

本书并非英语学习参考书，而是教你如何坚持学英语的书

应该有很多人在参加工作后买过几本英语学习书和参考书。当然我也一样，大概买过四五本，也可能近十本。那么问题来了，究竟要买多少本这样的书，我们才能坚持学习英语、提高英语水平？

一遇到新书，我们总是会想，好久没学英语了，该重新拾起来。就在前不久，我刚买了一本练习英语发音的书。

市面上的英语学习书和参考书写满了英语语法和例句，好像在说"来，记住它们吧""你不是想学英语吗，这点事还是能做到的吧？"

而问题就出在我们的干劲和紧迫感上。每天忙于处理紧急任务和堆积如山的工作，好不容易完成了当天的任务，哪有时间分给毫不紧急的英语学习？

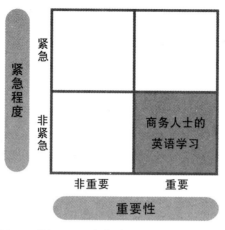

图 1　英语学习在商务人士心中的地位

　　本书并非英语学习的参考书，而是针对上述人士，"教你如何坚持学习英语的书""怎样做才不会中途放弃英语学习的书"。商务人士必须学习、掌握英语，但往往因为紧急程度过低而无法坚持，不止一次中途放弃。本书就是教你如何坚持的方法论。

　　从这一点来看，本书或许也能为那些想要学习簿记或法律，却总是坚持不下去的人提供灵感。

　　进一步说，那些想要瘦六斤的人，或是想通过每天做瑜伽来保持健康的人，即使偷一天懒也不会觉得怎么样，但如果不坚持做就绝对达不到目标。我想本书也能帮助这类人士实现愿望。

为什么想要分享我坚持学英语的方法

　　我是怎样学习的？怎样做才能在学习英语的过程中坚持不放弃？我想通过本书分享给更多的人。

理由主要有两个。

第一，尽管英语非常重要，但多数日本人完全不会说英语，无法快速获取英语信息并迅速做出应对，也无法在参加高端会议时把话题带到业务合作上。

我在进入麦肯锡之后，马上参加了瑞士的培训项目，但完全无法开口说英语。英语是我初中、高中最拿手的科目，我也曾在斯坦福大学留学，所以大概能听懂讲师和其他参加者在讲什么，却做不到主动提问和积极发言。通过努力坚持学习，我从最初什么都不会，到后来达到一定水平，中间在学习方法上没少下功夫，所以希望通过本书来分享我的方法论。

第二，在日本，即使完全不会说英语、完全看不懂英语，也不影响眼前的工作。加上缺乏饥饿精神，所以只要身在日本，就很难坚持学习英语。

很多工作能力很强的人却不会英语，即使想学也坚持不了几天，实属遗憾。

市面上的英语学习方法大都面向能够坚持学习的人

市面上有无数的英语学习方法，宣传语都很吸引人，有一本正经的，有简洁明了的，还有搪塞敷衍的。此外有英语学校，有 Skype（即时通信软件）英语会话，有手机 APP（应用软件），还有英语节目。各种各样的 DVD、CD 教材应有尽有。

但所有的方法都有一个神奇的共同点。

那就是，它们大都面向能够坚持学习英语的人。它们的大前提都是"想学英语的人一定能够坚持下去，不会半途而废"。

其实在商务人士中，有不少人"三天打鱼两天晒网"，或是好不容易坚持了两周，却突然要出差，想等回来之后再继续，结果一拖就是 3 个月。类似这样的情况太常见了，而市面上那些学习方法没有考虑到这一点，反而一直以学习者有干劲、能够坚持、不会半途而废为前提。

若是世界上百分之九十的人都拥有不会半途而废的超强意志力，并在寻求优质的英语教材，那自然是一件有意义的好事，日本人的英语能力也能立马提升。

实际情况恰恰相反，大多数人没过多久就坚持不下去了。即便如此，他们学习英语的愿望还是很强烈，于是便接二连三地把钱花在新的学习方法上。

针对包括我自己在内，在英语学习中不止一次受挫的商务人士，我希望能分享我的建议，帮助大家坚持学习英语。

当今时代，因为有许多视频发布平台、网络广播、播客和博客等媒体平台，任何人不花一分钱就能学习、掌握实用的英语。前提是你不会中途放弃，能够坚持下去。

不知道如何学习英语的商务人士，不妨利用这些资源，把英语当成工具并熟练使用，探索自己感兴趣的领域。

渴望个人提升的商务人士必须掌握英语，理由有四

对于渴望个人提升的商务人士来说，掌握英语是非常有必要的，理由至少有四个。

第一，如果不会说英语，即便好不容易等到海外出差或常驻的机会，也无法好好把握。也就是说，有很多人通过参与国际环

境下的工作获得了很大提升，但不会说英语的人将完全与这样的机会失之交臂。

我就职于麦肯锡的时候，在韩国首尔待了十年。与来自十几个国家的麦肯锡顾问共事绝非容易的工作，但不得不说我的确获得了很大的提升。

其实参加首尔的项目并非我的本意，不过几乎可以确定的是，如果当时没有抓住去首尔的机会，我现在肯定是一个缺乏国际经验的人，过着完全不同的人生。想到这里，我不由得深感惶恐。

第二，如果不会英语，就无法参加在海外开展的高端会议和活动，也就无法掌握一手信息，更别提与世界顶级人物交换意见、抵掌而谈了。即使勉强可以参加，也只能做个旁观者。这样的日本人我见过很多，他们在夜晚消遣时很活跃，而在从下午举办到傍晚的鸡尾酒会或晚宴上却很安静。我隔三岔五地跟核心同事一起开早餐会，在会上几乎见不到日本人。

这些年，在健康管理、医疗、生物技术、计算机、移动通信、网络、游戏、半导体、材料、可穿戴技术、IoT（物联网）、云服务、安全、机器人、人工智能、自动驾驶汽车、大数据、自动化、3D打印、制造业、金融机构、金融科技、虚拟货币、M&A（企业并购）、可替代能源、众包、市场营销、广告、零售、时尚、全球化、管理、经济学、自然科学、教育、农业等各个领域，都在频繁开展重量级的会议和活动。

会议地点遍及世界各地，比如旧金山、硅谷、拉斯维加斯、奥斯汀、纽约、伦敦、巴黎、柏林、巴塞罗那、新加坡、雅加达、香港、上海等。

当然，来自世界各地的参加者们全程使用英语，极其自然地交流。没有一个人不擅长英语，或因无法坚持学英语而感到烦恼。大家开怀畅谈，讨论会议或活动内容，彼此加深着交流。

从早上 7 点左右开始的早餐会，到 9 点以后排满的议程，再到傍晚的鸡尾酒会、晚餐会，中间甚至没有停歇。酒会上还有可能换人，再来第二轮。

在这里，可以网罗世界各个领域的最新动向，还可以搭建人际网络，因此没有理由不参加。况且如果不参加就融入不了圈子，这对想在全球范围内开展商业活动的人来说，相当于被置于极为不利的境地，也可以说打从一开始就放弃了这场真枪实弹的战斗。

第三，如果不会英语，就只能跟日本人共事，这意味着在日本国内能做的工作和就职的单位会很有限。上司、下属、客户或用户不懂日语的情况已经越来越多了。

与来自中国、韩国、泰国等国的访日客户做生意，向东南亚及中东地区出口商品及电子商务都需要使用英语，更何况还有面向世界各地开发的手机软件和云服务等。很显然，不会英语也无大碍的时代早就成为过去时。

东京奥运会开幕时，访日游客将增多，日本国内的全球化进程也会加快。值得注意的是，即便东京奥运会结束，仍会出现很大变化。对如今的日本来说，文化和旅游资源极其珍贵，有必要加倍提升旅游收入。2014 年的数据显示，来自海外的游客数量排名中，法国位列第一，为 8,370 万人次，美国以 7,476 万人次位居第二，而日本排在第二十二名，数量为 1,340 万人次，比马来西亚、泰国和韩国还要少。2015 年的最新数据速报显示，日本的外国游客数量为 1,973 万人次，虽比上一年增加了 47%，但总体情况没有太大变化。

如果不会英语，或者只会说只言片语，便失去了和除日本人以外的人共事的机会。而且，要求具备一定英语能力才可以晋升高管的公司越来越多。虽然这些公司不是每天都用英语开展业务，但可以预想，今后他们对英语能力的要求将有大幅提高。

如果看不懂英语，就意味着无法掌握世界的动态。网络时代，需要格外注意世界各地技术开发的进程、新产品及新服务、事业投资、业界重组、政治及经济风险等，掌握最新动态。如若不然，则会搞错该努力的方向，甚至会瞬间失去珍贵的竞争优势。

不论是四年一次的美国总统大选，还是经济讨论，抑或是国际纷争，都有数不清的用日语报道的新闻，其内容基本都是以原新闻中的一小部分为素材重新编写的。以我的亲身体验来讲，翻译成日语的新闻内容，甚至连英语原报道的 5% 都没有。在国外的会议和活动中会举办很多演讲，多数可以在网上免费观看，但极少添加日语字幕。不过话又说回来，如果只是一味等着别人添加日语字幕，你就已经输了。

不仅是会议，在美国斯坦福大学、麻省理工学院、哈佛大学等世界顶级大学和研究生院，计算机科学、人工智能、生物学、经济学等学科的课程全部可以免费观看，但不可能带有日语字幕。

即使是在印度和孟加拉国没通电的深山里，或是非洲的贫困地区，也不乏十几岁、二十几岁的孩子利用太阳能发电来勉强保持电脑的运行，努力学习这些顶级大学的课程。与他们这种饥饿精神相比，日本人得过且过的态度简直不值一提。

在世界著名的可汗学院[①]，从初级教育到大学讲义，包括物理、数学、程序设计、经济学、财经等 3000 多本书的教育视频均可免费观看。一开始只有英语，好在现在有一部分提供了日语配音，但仍有诸多不便。

话虽如此，在人工智能的飞速发展下，相信用不了多久，方便海外旅行的自动翻译机就会面世。或许有人会觉得，即使不勉强自己学英语也无所谓。

但我不这么认为。现实总是比理想残酷。

在商务场合和之后的鸡尾酒会、晚宴上，除日本人以外的所有人都在用流利的英语自然而然地交谈，只有日本人在使用自动翻译机，这显然不合适。当然也不是不能用，但这样一来就难以真正相互理解，并会被渐渐疏远。

对其他人来说，在国际环境中说英语是一件理所当然的事情，所以我们还是不要指望由自动翻译机完成大部分内容。

对于已经了解的人来说，上述内容或许是"后见之明"，但我还是想再次强调，英语对于想要获得成长的商务人士来说必不可少。

不知读到这里的你是否重新感受到了学习英语的必要性？

在之后的章节里，我将教大家具体的学习方法。

---

① 可汗学院（Khan Academy），由孟加拉裔美国人萨尔曼·可汗创立的一家教育性非营利组织，旨在利用网络影片进行免费授课。——译者注（若无特殊说明，本书脚注均为译者注）

目　录

第一章

我在麦肯锡如何提高英语能力

别人不会在意你的发音

很遗憾，我的英语发音不算很地道，就是所谓的"日式英语"。我经常无意识地搞混 L 和 R 的发音，说实话也不太擅长听力。

我不认为自己的英语很好，最大的原因就是发音。每当我听到海外归国人士说着一口地道的英语时，就会从心底里羡慕。我曾经不止一次想要变得和他们一样，即使现在也经常这么想。

Hurt（受伤）和 heart（心脏）、s 和 th、b 和 v 的发音是有区别的，这一点我很清楚，也会发音，但语速一快我就说不好，嘴巴不听使唤。

我买过很多学习英语发音的书，但都没能坚持看下去。我非常想达到好莱坞电影里的发音水平，所以如果真的能保证我的发音变得地道流利，哪怕让我花 10 万日元我也愿意（我记得好像有人说过这个买卖太划算了）。

说了这么多，其实从在麦肯锡做咨询顾问的经验中，我强烈体会到，无论你的英语发音有多糟糕，只要大声且自信地说出来就好。

关于 L 和 R 的发音，最典型的例子就是 rice（大米）和 lice（虱子），这让很多日本人望而却步。但其实，只要你有意识地注意发音就没问题。其实会提及 rice 一词的情况大概只有两种：一是在自我介绍中，想表达"日本人经常吃米饭"时，另一种就是在中餐店点 steamed rice（白米饭）的时候。只要对方知道你的发音习惯，也没什么大问题。

比起纠结 L 和 R 发音的问题，更重要的是开口说英语，说什么都可以。别人所期待的就是你多多发言。

其实对于商务人士来说，发音根本不重要。因为全世界没有人会在意这个问题。重要的是说话的内容和积极交流的态度，以及与对方合作的积极性。

在商务场合中，大家的出发点不是"听得懂英语"。大家聚在一起，用英语这一通用语言交流，不过是"说话""提问""提出意见""看视频学习"而已。我想，应该没有人会在意"用英语发言""用英语提问""用英语发表意见"。因此，没有人会在意发音。

顺便说一下，在日本人看来，新加坡人和中国香港人的英语简直没法入耳，印度人的英语也很差。尽管如此，他们还是毫不犹豫地大胆发言。在日本人听起来他们的卷舌音很重，说的既不是英式英语，也不是美式英语，似乎是自成体系的英语。

但他们照样成了硅谷的众多世界顶尖企业的 CEO 和高管，

在业界大展身手。印度人的身影遍及东南亚、非洲、欧美等世界各地。

能否用英语胜任工作，关键在于知识储备和能否大胆开口说

说到底，能否用英语胜任工作，取决于能否知道在必要情况下应该说什么，以及能否大胆地发言。

"希望对方说慢一点""希望对方再说一遍""说明今日会议的目的""今天的会议就先到这儿""下次会议是什么时候"等，该说的话基本相同。

在日语中，相同的意思可以有多种表达方式，每一种都有细微的差别。英语也是如此，而我们作为非英语母语者，记住一种就够了。即使只记住了最简单的一个，只要能在必要的时候说出必要的话，或者与之意思相近的话，也就足够了。

比起知识储备的数量，更重要的是大胆开口说。在日本，"话多的男性"并不一定受欢迎，而在英语圈里可不一样。所有人都能说会道，开会的时候也能侃侃而谈。就算话题很明显跑偏了，他们也不在意，而是继续说。

我刚进入麦肯锡的时候，虽说是留学归来，但还是不太会说英语，没有达到在别人聊得热火朝天的时候插上话的水平。

入职第一年，在世界各地都会举办面向顾问的基础讲座。我当时参加了在瑞士举办的讲座，现场聚集了来自世界各地的新人顾问。尽管作为顾问的基础技能还远远不够，但大家纷纷大胆发言，发言时间也很长。

老师提出问题，大家来回答，但回答的内容基本上过于理所当然，在日本人看来难免会不以为意："这不是废话吗？"

老师："企业经营中最重要的是什么？"
学员："我知道，是社长的领导能力。"
老师："社长的领导能力中最重要的是什么？"
学员："强大的意志力，还有执行力。"

面对这种问题，我连举手的想法都没有，因为答案过于理所当然，根本就不想回答。

然而一旦这么想，就永远无法发言了。如果不能发言，别人只会觉得你不够聪明。至少我在书中读到过这样的情况，而我也真真切切地感觉到了。我完全无法融入现场，跟别人说不上话。

因为这种感觉实在不妙，所以自那以后，我决定只要有这样的活动，就算显得固执也要发言，而且一定要多次提问或发言。渐渐地，在那种场合中我不再畏怯，也能够积极参与讨论了。

内容并不十分重要，其他人的发言也大致相同，但沉默会吃亏。不同于当初，此时的我觉得只要开口说，说什么内容都可以。与其束手束脚，不如大胆发言。

自此以后，我开始融入英语环境。在英语环境，即日本以外的环境中，没有人会在意你的英语是否正确，发音是否地道。每个人都在大胆地说。

虽然如此，但直到最近我才体会到"英语会议上的发言真是不简单"。不过，在日本参加了某个商务评审之后，我发现即使是日语会议，发言也不简单。

不清楚对方的顾虑，不清楚别人如何理解自己说的话，不清楚该在什么时候察言观色，在这种情况下，即使我很淡定，也不得不小心谨慎地发言。参加会议的有近 10 人，有发言权的人数有限。

也就是说，我再次认识到，虽然有语言上的问题，但能否发言取决于对内容本身的认识，以及自己的想法的深度。反过来说，如果你强烈地想要表达自己的意见，那么即使语言不通，抑或顶着沉默至上的压力，也可以大胆发言。

麦肯锡顾问的工作

麦肯锡公司成立于 1926 年，是世界领先的管理咨询公司，在全球 60 个国家有近 110 个分公司和 17000 名员工。

顾问的主要工作是为大企业提供有关前景规划、战略制定、组织运营等咨询，多数时候需要用英语工作。

在我入职后 3 年半的时间里，主要负责东京的项目（这期间有 4 个月负责纽约的项目，不过由于项目内容是日本公司在美国的组织运营，所以与客户之间的交流是用日语进行的），之后我被派往首尔负责当地的项目。原计划为期 3 个月，结果延期半年，在 12 月又延期了一年，之后再次延期一年，最终我在首尔工作了 10 年。

工作的大体内容是和客户企业的管理层或客户团队进行商讨，明确事业、经营问题的优先顺序，进行经营改革。每个月会举行一次报告会，推进公司整体的意识及行动改革。

我们要在对现场有深刻了解的基础上，进行有洞察力的分析，提出详细且具体的解决对策，执行并取得成果。因此，需要具备商务英语中的交流能力和非语言交流能力，包括听力、解说力、说服力、自我情绪调整能力、问题意识、成功谈判能力等。

顾问的工作需要怎样的英语能力

我在韩国工作的 10 年里，客户团队使用日语和英语，我则使用不太流畅的英语和一点韩语，而且多数时候用日语推进项目。基本上，只要能让对方听懂你在讲什么就可以。很多时候，我们甚至用在纸上写日本汉字的方式交流。

毕竟我在拼命工作，所以没有畏畏缩缩，从来不会因为语言问题而放弃表达。只要大胆说，对方总会明白你的意思。在这个过程中，在展现一名咨询顾问的存在价值的过程中，我的英语水平提高了。

麦肯锡会举办为期几天的研究会，来自世界各地的顾问会选择自己感兴趣的领域参加。因为我长期负责担任韩国财团的顾问，所以创建了一个以家族企业顾问为主要研究内容的小组。

我当时调查了一番后才了解到，麦肯锡遍布世界各地的客户中，有一多半是家族企业。

所谓的家族企业，要么是创始人持股，具有很强的影响力；要么是作为经营者掌管整个公司；又或者是尽管没有持股，也不在高层任职，但在背后有着强大的影响力。这样的家族企业在包含日本在内的亚洲国家、欧洲、北美和中南美尤其多。

有不少国家中具有代表性的大企业都是家族企业。最典型的例子就是东南亚各国，华侨具有经济上的绝对支配权，韩国也是如此。

我与来自世界各地的麦肯锡顾问共同讨论这类企业面临的共同问题，如前景规划与执行、继承人培养、专业管理人才引进以及人事制度改革等，研究更好的解决办法。因为这是我擅长的领域，所以即使英语说得不好，也能够顺利推进工作。我想，在这个过程中，至少我锻炼了在英语环境中交流的胆量。

因为我担任家族企业顾问的经验比较丰富，所以为印度尼西亚的华侨财团和土耳其某个财团的继承人体制建设提供了建议，也曾多次到访这些国家。虽然需要用英语进行演讲和答疑解惑，不过我已经驾轻就熟，顺利完成了任务。

为了提高英语能力，我做了哪些努力

我上初中、高中的时候很喜欢英语，但从来没想过去海外旅行或留学，直到进入小松制作所就职，有了留学制度。

我有很强的上进心，所以遇到这样的机会自然会毫不犹豫地争取。在留学制度刚建好开始接受报名的时候，我立刻申请了。幸运的是，报名的只有几个人，因此我得以成为第一批留学生。

留学的前 2 个月是在斯坦福大学的暑期英语学校学习。但我没有感觉自己的英语能力有所提升。学习期间，我住在学校的学生宿舍，每周四、五有聚会。聚会上只有比萨、啤酒和可乐。我尝试着积极参与，跟其他人进行交流。

交流的内容仅限于介绍自己的名字、来自日本、通过小松制作所的留学生派遣项目来到这里，以及在大学时加入了美国足球社团，除此之外再无交流。

这个聚会上的音乐声音非常大，大家都是大声讲话，我只能抓住时机主动凑近某个人跟他交流。说实话挺累的，不过通过多次参加这种几乎没有日本人参加的聚会，我锻炼了胆量。

之后是学习机械工程的研究生课程，几乎不需要说英语，我既没有进行过案例研究，也没有经历过正式的英语辩论。

就职于麦肯锡之后的第4年，我被派往首尔负责当地的项目，刚开始是一个人同时推进多个项目，从那时起我的英语有了很大提升。当时我做的努力有：

1. 多次记录英语母语使用者在会议上的说话方式及内容；

2. 将上述笔记分情况做成例句集，大声反复朗读，使其成为自己的语言；

3. 时不时地大声朗读英语文章；

4. 英语的邮件和报告书等，全部请编辑（负责修改英语内容的人）帮我修改。

当时我作为韩国项目的总负责人，每天会与很多麦肯锡的顾问（几乎都是用英语交流）和客户企业内部培养的几百名推进经营改革的负责人（使用英语、韩语及日语交流）洽谈，推进众多项目。这种情况下，根本没有时间扭扭捏捏，顾虑自己说的英语内容和发音，我的商务英语因此逐渐有模有样了。

其实日本人能说英语，只是不愿开口

日本人在上初中和高中的6年里会学习英语课程。单是上课的时间总共约800个小时，假设每周拿出两小时进行预习和复习，即 2 小时 × 35 周 × 6 年 = 420 小时。再加上做暑假、寒假作业等的时间，大概有 1500 个小时的英语学习时间。

如果能花如此长时间学习一个科目，想必能达到很高的水平。然而大部分日本人在学校学到的知识都派不上用场，遇到外国人用英语来交流，也只会笑笑，无法做进一步的交流。好不容易学到的语言却无法使用，这是很可惜的事。

初中、高中的英语学习之所以派不上用场，是因为没有将其作为实用的工具来学习、使用。其实学生在课堂上学到了很多单词和语法，如果能灵活运用，是可以用英语进行一些交流的。

我至今见到过很多商务人士，他们留过学，也能读懂英语文章，但在有外国人参加的会议和社交聚会上却只是听别人说，几乎从不发言。

过于知耻的文化和缺乏饥饿精神的文化

日本的英语教育缺乏实用性，这自然是个问题，但我认为，日本人不能流利地用英语交流，最大的原因在于日本人的克制。

知耻本是一种值得赞美的文化，但过于知耻以致不愿用英语交流，这对对方来说反而是一种失礼。别人会认为“日本人好像不会说英语”“即使跟日本人讲话，他们也听不懂”，结果就会被无视。

不仅如此，缺乏饥饿精神也是问题所在。有人认为不会说英语也无所谓。因为现在感受不到说英语的益处，所以觉得没必要说，甚至毫不在意因不说英语而失去的宝贵机会。

我经常会跟韩国、印度尼西亚、印度等国家的人交流，他们真的很活跃，永远不缺话题。其实他们的英语称不上流利，发音也带有口音，但还是会积极地跟人交流。因此，问题并不在英语能力上。

人与人相处就必定有交流，我想除了日本人以外，没有人在意你是否会说英语以及语法正确性的问题。

英语可以说是单词的罗列

与外国人交流，几乎不会遇到对方跟自己一样不会说英语的情况。即使不是以英语为母语的人，也操着一口同母语一般流利的英语，这是很普遍的现象。这该说是令人高兴，还是遗憾？

既然对方的英语水平近乎母语级别，那么即使我们只能说出几个单词，对方也能理解我们要表达什么。当然，如果出于不好意思而什么都不说，对方肯定无法理解，也无法帮我们圆场。

也许是因为日本人过于认真，也许是因为学习的语法不够完整，日本人总觉得如果说的内容不够准确会很羞耻。他们不是打心底里觉得不够地道的英语无法让对方理解，而是单纯地不想说奇怪的英语。

话虽如此，不知说什么好，也是不敢开口交流的很典型的原因之一。

但其实，如果对方对日本很感兴趣，即便说出你知道的事、在报纸杂志上看到的事，或者午休的时候跟同事聊天的内容等，对方也一定会很高兴。就算是单词的罗列和肢体语言，也足以让对方理解。

我们一定见过这样的人：完全不会说英语，在国外旅行时只能依靠几个单词沟通、用手比画，购物时大声叫嚷着砍价，但还是跟当地人相处得很愉快。这样的人没有过剩的自尊心，只是单纯地交流，表达自己想说的话和想做的事。其实，在商务往来中更加需要这种积极主动性。

在罗列单词的过程中获得提升

开口说英语，同刚开始骑自行车是一样的。摔倒无数次之后才能逐渐学会。当然学骑车的过程会很痛苦。而当我们勉强使用英语交谈时，因为对方是英语母语者或接近母语水平的人，所以能够理解我们想表达的意思，也就谈不上痛苦。倒不如说，因为日本人积极说英语的情况很少见，对方反而会很高兴。

刚开始骑自行车的时候，觉得蹬脚踏板很难。右脚用力的时候左脚会从后面抬起，如果此时左脚不放松，脚踏板就会变得特别重。当左脚上升到最高点时，要开始换左脚用力，右脚放松。因此，双脚必须配合脚踏板发力。

同时，握住车把时不要太用力，遇到障碍物就稍稍向左或向右转动把手来躲避，否则容易撞上并摔倒。如果肩膀和手太过用力，则不易操控车把。不过刚开始的时候，动作都会比较僵硬。

想来想去，还是觉得比起刚开始骑自行车，尝试说英语更轻松。只要说，对方就能理解，而且不通过语言也能传达信息。

舍弃"必须说好英语"的心理枷锁

我与很多国家的人交流过，从来没有遇到有"必须说好英语"这种强烈意识的人。大家都觉得英语只是沟通工具，所以交流时不会特别在意。他们完全没有英语水平如何、美国人和英国人是英语母语者这样的意识。

我至今从来没听到有人说"他是英语母语者"（He is a native English speaker）。他们并没有是不是本国人（native），英语听不听得懂这种概念。"他需要呼吸空气吗?"这种话没有意义，而且为了避免被提问，也不会成为话题。

只有日本人有些意识过剩，大概我也是如此，在心理上强烈认为"必须说好英语"。

我认为，这一心理枷锁是熟练掌握英语的最大障碍。希望读到这本书的你能够打破枷锁。也许你会反驳说，这一点我自然知道，但就是做不到。其实有一个很好的办法能够帮助你消除这一心理枷锁。那就是我在《零秒思考》等书中提到的使用 A4 纸做笔记的方法，在本书"第六章 使用 A4 纸做笔记，进一步提升英语水平"中我会详细说明。

破釜沉舟

说英语最重要的一点就是"破釜沉舟"。也就是说，要舍弃"必须说好英语"的心理枷锁，舍弃羞耻心，更加拼命、专注地融入与对方的交流。不要有多余的顾虑，抓住一切机会说英语。

在这个过程中，对方会清楚地感受到我们的认真，自然会心生敬佩，也会更加认真地回应我们。

全世界或许只有日本人有这种想法：说不好英语就干脆不说，永远处于被动状态。是时候改变这样的状况了。或许是因为岛国秉性，又或许是因为相对封闭的社会环境，日本人总是将单纯的交流手段特殊化，给人以木讷的感觉，是时候改变这种做法了。

为此，要有"破釜沉舟"的决心，把想说的话全都说出来就好。总之，"无论说什么都行，只要说出口""不确定的话也可以说"。

我自己也是来到了韩国后才被迫改变了想法。第一次用英语发言后，发现只要能说出口，对方的反应也会发生很大变化，局势将瞬间明朗。

第二章

创造学习英语的必要性

把"掌握英语"停留在想象层面就无法学会英语

第一章介绍了我通过在麦肯锡和在国外的实际经历，感受到的日本人学习英语的现状。

从本章开始，我将针对"将英语学习坚持到底"提出建议，主要有3个——"创造学习英语的必要性""集中学习3个月，休息1个月""找到伙伴"。接下来我会逐一详细说明这些内容。

任何事情，如果把时间浪费在"祈祷自己能学会"上，都是无法实现的。

暂且不论那些每天游手好闲的人，商务人士非常忙碌，必须立刻处理的文件经常堆积如山，就算想着"有时间再做吧"，也总是找不到空闲时间。

即使想着今天必须学习，通常情况下还是会处理大量的紧急文件，或是战胜不了困意，因想要休息而放弃学习。我在有困意的时候，会在脖子和肩膀上涂抹冰凉的消炎镇痛药，有时也涂在额头上，但其实一旦有了困意，大多数情况下是无计可施的。即使趴在桌上小睡 15~20 分钟，结果也只会更困。

像英语这种需要通过每天学习和养成习惯才能掌握的技能，如果只将行动停留在想象层面是无法获得的，我们需要主动且持续的努力，有必要采取"润物细无声"式的方法。

主动创造学习英语的必要性

想要掌握新的技能，主要有两种方法。

像高尔夫球、网球、游戏、音乐等，在第一次接触时就非常痴迷并且坚持在做，不知不觉间技能就已经有很大的提升了。

之所以会这样，大概是因为它们娱乐性非常强、做起来会令人感到很开心。然而很少有人在第一次接触英语时会感到非常震撼，认为"看词典真是太有趣了"，除非是天生喜欢研究学问的人。对普通人来说，学英语不是一件会令人开心的事。

提升技能的第二个方法，就是创造学习的必要性。

以英语为例，就是为自己创造一个不得不学习英语的环境。如果只是今天读几篇英语文章，或是看英语新闻、节目这样的目标，即使完不成，也不需要赶工，更不会立马发生什么变化，所以一旦忙起来就容易拖延。

如此一来，即使每天都想着一定要学习，一旦有了急需处理的事情，就容易一拖再拖，拖上一周、一个月都不足为奇。

创造学习英语的必要性，就是"为自制力差的自己创造一个不得不学习的环境""创造一个逼自己学习的环境"。对普通人来说，要孜孜不倦地做一件没有截止日期的事情，还是有点难度的。至少我做不到。

英语学习可以中断，前提是能够马上重新开始

无法按计划推进学习的情况并不罕见。毕竟大家都很忙碌，这无可避免。

那么不妨稍微改变一下想法。即便学习中断，只要能马上重新开始，就没有任何问题。

很多人都在讲如何努力将自己决定做的事坚持到底，比如"只要每天坚持10分钟""重要的事一定要放到当天的第一位"等，不断重复着精神论。若是真能坚持下去就万事大吉了。

然而，几乎没有主张"中断也可以"的人。既然决定要坚持下去，如果中断就得不偿失了，所以很难认为"中断也可以"。

但仔细一想，就算中断数次，如果能马上重新开始，便算不上中断。所谓"中断"，就是放弃，一段时间内甚至一直不再做。如果能重新开始，那么中断只是"休息""喘口气"。如此看来，问题的关键不在"中断"，而在"重启的速度"。

也就是说，我们不必在意中断本身，而应想想怎样做才能尽快重新投入学习。在这个过程中，喜欢、感兴趣的英语视频和文章等内容会越来越有吸引力，中断的频率自然会降低。

创造必要性的事例 1　浏览感兴趣的文章和视频

英语本身只是一种交流工具，学起来并非很有趣。要想提高

英语能力，需要从喜欢或感兴趣的事物中，感受到英语作为工具的必要性，把英语融入自己的生活，"还想了解更多""日语的信息太少了，我还是想深入了解，哪怕需要用英语"。

如果是出于"想学英语""英语是所有人必须掌握的语言"这种想法而学习英语，因为缺乏乐趣，会很难坚持。打高尔夫球的时候，即使是第一次接触，或者打得不好，还是会对上课充满期待。而对普通人来说，学习英语是一种折磨。因此，要把英语当成一种工具，利用它浏览自己感兴趣的文章和视频。

日本人善于接纳吸收外国文化，或许因此才对英语抱有特殊的看法，崇尚英语，因为不会说英语而很自卑。但英语不过是一种工具，就像散步穿鞋、下雨撑伞一样，我们使用英语不过是为了交流。它只是我们了解事物、与人交流的工具，而非高深的技能。

对某件事物想了解更多，但翻译成日语的内容太少了，因此才需要看英语文章、听英语新闻、浏览英语网站、努力开口说英语、认真听取别人的意见，仅此而已。不论是哪个领域，翻译成日语的文章都只有很少一部分，有日语配音和带日语字幕的视频也很少。

如果真想紧跟海外的实时动向，只能用英语读、看和听。如果只想用翻译成日语的部分内容来凑合，就好比闭着眼睛通过高速公路，总有一天会吃大亏。

即使是苹果和谷歌这样的大企业，关于其最新动态和未来动向的内容，也只有极少部分被翻译为日语。可能有人会问，在网上不是能搜出很多看不完的文章吗？那么请你锁定某一个主题，将搜索出来的文章认真读上 100 篇左右。读着读着你就会发现，这只是少量带有偏颇意见的信息，而真实情况究竟如何？没有采访吗？社长应该发表了演讲，怎么没有日语版？

如果只是看热闹、了解基本情况的话，或许你不会注意，但深入了解之后你就会发现，其实有很多珍贵的资料还没有被翻译成日语。

即使面向日本国内市场，随着跨国企业不断参与进来，看似跟国外毫无关系的商业内容也会出现意想不到的变化。关于他们的运营方针，只有极少一部分被翻译为日语。虽然很容易找到有关社长的采访视频等珍贵资料的英语版本，但它们几乎都没有被翻译成日语。

在出租车行业和酒店行业已经开始出现剧烈的变化。经过 5 年、10 年再看银行和证券存在的意义，也会发生戏剧性的变化。可能有人会说："银行这种体制的行业一直说要改变，结果不还是这样吗？只是虚张声势罢了"，但其实已经开始出现变化了。如果你现在是 20 岁左右，那么很可能还要工作 40~50 年；如果你是 30 岁左右，那就是 30~40 年；如果是 40 岁左右，那就是 20~30 年。是未雨绸缪好还是措手不及好，想必大家已有答案。

随着医疗的进步，人类的平均寿命越来越长。"60 岁退休享福"这一概念已经越来越淡了。70 岁还坚守在工作岗位上的时代即将来临。如此看来，熟练使用英语这一工具，了解未来的变化趋势的确意义重大。千万不要觉得"我都 50 多岁了，早就熬过了使用英语的年纪，也不在意什么变化"。

如果你对自动驾驶汽车很感兴趣的话，应该会迫切想知道谷歌正在开发的自动驾驶汽车现在进展到哪种程度了、谷歌的高层有什么想法，以及加利福尼亚州准备如何支持。如果刚好跟你的工作有关系，那就不是想不想知道的问题，而是必须知道，否则连工作也做不好。

如果你非常喜欢好莱坞电影，有在追的明星，那么阅读没有翻译成日语的新闻、文章、八卦和英语剧本是一种享受，你会沉浸其中，甚至忘却时间。

英语不过是一种工具，一旦掌握会深受其益，好比能帮我们解冻食物的微波炉一样。微波炉是拿来用的，不是拿来供养的，也不需要被特别对待。如果不用，反而会给生活带来不便。

创造必要性的事例2　结交能与之分享纯英语的海外最新消息的伙伴

想要没有遗漏地、快速理解还不熟悉的英语信息并进行实际运用并非易事，独自一人做这件事会更辛苦。

因此，结交一个能与之分享海外最新消息的伙伴，会使英语学习变得很有趣，对自己也是一种激励。相互分享信息来源，相互交换资料，能够更加快速、轻松地掌握有意义的文章和视频。那种感觉就像找到了取之不尽、用之不竭的金矿。

粉丝之间最开心的对话就是："你知道这个吗？看！""不知道！你在哪看到的？""你想知道？要我告诉你吗？"不仅是体育和音乐，技术、IT、商务等也同样有趣。

能面对面分享最新消息自然最好，但对于工作繁忙的商务人士来说，很难做到每周碰面。而用社交网站的群组功能、LINE（即时通信软件）等社交软件就非常简单了。

通过相互分享资源，能以较少的努力获取较大的成果，而且在你想放弃的时候，想想自己的伙伴，就又有了动力。

除了有关兴趣的信息，完整掌握与工作相关的最新消息的同时，还能够获得更好的回报，自己也会获得更大的提升，何乐而不为呢？

在这一过程中，英语能力会自然而然地提高。伙伴的存在就是强有力的支持。

创造必要性的事例3　为避免"明日复明日"，将学习进展分享给伙伴

英语学习也好，身体锻炼也好，即使定下每天练习的目标，也很少有人坚持下去。至少我就不行。

定下目标的当天充满干劲，不可思议的是，到了第二天就泄气了，好像干劲全部蒸发了似的。虽然不清楚原因，但这种情况很常见。

中途放弃的情况至少分为两种。一是彻底放弃，二是试图挽回。

一般来说，定下目标的当天能够按计划完成任务。等过了两三天，就会因为有紧急文件要处理、酒会结束太晚等各种理由，无法完成目标。做不到的理由一个接一个。

"反正我都坚持两三天了，今天就歇一天吧。"问题是，到了第二天又会有别的理由。日复一日，迟迟不能付诸行动。

即使完不成任务，当下也不会受到什么影响，所以一拖再拖。对我来说，这是最常见的中断模式。我曾无数次下决心利用视频网站锻炼英语听力，但基本上只能坚持几天。

由于没有制定每日目标和每周目标，我不清楚自己的进度，最后就变成了"明日复明日"，一段时间后，甚至连自己下过决心这件事都忘得一干二净。很久之前我也制定过每日目标和每周目标，由于在设定目标上花的时间太多，导致产生已经做过的错觉，最终还是没能坚持下去。

另一种中断模式是，中断的当天或者第二天有强烈的危机感，"啊，这可不行。明天先做吧，不然就不能按时完成目标了"。在偷懒之后感到有压力，想着"这可不行，有时间要赶紧继续"，把前几天没做的也补回来，总算圆满收尾。

像整理文件、写书或杂志文章等，一旦与别人约好提交日期，所幸都能以第二种模式收尾。偷懒只会加重第二天的负担，所以即使强迫自己，也要优先解决。只要打上优先的标签，每天总能抽出时间重新开始，因为这属于无论如何也要完成的事情。

而英语学习没有明确的目标，很容易成为第一种模式。需要战胜的是自己的内心。我自知没有战胜内心的自制力，所以选择结交学习伙伴。我们会在群聊里一起读书、记笔记，一起讨论电视剧的剧情走向等。如果有跟我一样烦恼的人，请一定试试这个方法。

如果是孤军奋战，即使学习中断了也只能责怪自己，但有了伙伴之后，他们的努力就会成为激励你前进的动力。并非所有人都会永远在努力学习，但总会有一个人充满干劲，你可以从那个人身上获得动力。

法国著名的自行车运动赛事——环法自行车赛的领骑就是不断交替的。这当然是制定好的战术，而学习英语时只需要不定时有人充当带头人的角色，就能激励其他人。

找到一起学习英语的伙伴后，相互分享每周、每天的学习计划。我总是很快就坚持不下去了，但看到其他人还在努力，自己也能继续坚持。过段时间，又要坚持不下去的时候，会有另外的人充当带头学习的角色。久而久之，你便可以抵挡诱惑了。

只要在社交网站上发布信息，立刻就能找到伙伴。不一定要在现实中碰面，只要能相互分享目标和进展，那么随时都可以开始学习。

总而言之，不能按计划学习也没关系，只要能重新开始，总能补上拖延的部分。我们只要找到伙伴，确立目标，分享学习进展即可。

有人激励自己就不容易放弃，别人努力的样子会成为一种刺激，使我们克服倦怠之心。这是创造、提升学习英语的必要性的方法之一。

创造必要性的事例4　与学习英语的伙伴一起开展学习会，相互用英语交流，分享进展情况

创造必要性的具体事例第4条，就是与前面事例3中结交的英语学习伙伴定期开展学习会。在现实中碰面更容易坚持下去。

大家不妨尝试在各地建立一个英语学习会，关于这一点我将在第四章详细介绍。利用社交网站的群组功能，能够轻而易举地建立地区分科会①。在学习会上向其他人表明自己的目标以及每天、每周要做什么。

---

① 在各领域、学科开展的具有专业性的小型会议。

频繁开展线下聚会费时费力，所以我认为几个月开展一次就够了。在会上汇报自己的英语学习计划是否顺利、如何才能做到坚持学习，用英语向其他人介绍最近看的文章和视频等。

即便吸收再多书本上的经验，无法坚持学习英语的人还是无法坚持下去。他们需要一个必须学习英语的理由，而这个理由就是线下学习会。

我计划每隔 4 个月，在东京开展一次学习会。如果同一天能在全国各地根据兴趣爱好开展地区分科会一定很有意思，也能够相互激励。

一开始或许会在东京之外的一两个地方开展。想学习英语的人遍布全国，甚至其他国家，如果在各地都能建立学习会，想必很有意思。为实现这一目标，我会建立各个地区的群组。

只要有这样的场所，应该就可以创造出克服挫折、坚持学习英语的环境。

创造必要性的事例 5　向留学生或来日本的外国人介绍日本

要想说好英语，需要努力向别人展示。积累几次经验之后，英语的交流能力就会不知不觉提升。

那么如何创造这样的机会？方法有很多，不过我认为最好是向不会讲日语的留学生或来日本的外国人介绍日本。

对方应该想要更多地了解日本，因为一无所知，所以一定想问很多关于日本人的思维方式和生活习惯等的问题，而且他们不会讲日语。

很多人对日本有误解，或是过于美化日本。也许他们会提出很极端的问题，作为日本人，还是希望能消除误解。

另外，在这种情况下，我们在思想上占有优势，比较容易大胆开口说英语。因为我们对自己的家乡再熟悉不过，掌握的信息量也比他们大得多，说英语的门槛就会降低。在这个过程中，会逐渐适应用英语交流，也能转变胆怯怕羞的心态。

想要接触不会讲日语的留学生，或是来日本的外国人，有以下几种方法。首先，去留学生较多的大学，参加"留学生之夜"等交流会，或者去英裔、爱尔兰裔的酒吧。另外，体育酒吧里也有很多外国人，尤其是足球和橄榄球比赛会吸引很多刚来日本的外国人，在这样热闹的氛围中，你们很容易成为朋友。

其次，有一个叫领英的职场社交平台，在海外知名度很高。领英偏向于提供商务社交服务，上面有非常多的社区，比如，搜索 Foreign Professionals in Japan（在日本的专业人士），加入后可以直接发邮件，与对方成为好友。

最后，在各地都会举办"国际交流会"，但有很多专门去搭讪的人，所以参加时要注意。

创造必要性的事例 6　教留学生或在日本的外国人学习日语

除了让别人教，还有一种学习英语的方法是"教留学生或在日本的外国人学习日语"。这样一来，就等于为自己创造了不得不说英语的环境。

很多人都会想到相互教对方学习自己的母语这一方法，但我认为难免有疏漏，比如某一方话比较多，或是双方有所争执。

我所说的，是单纯教对方学日语。对方最好对日语一无所知，如此一来就不得不用英语进行讲解。由于双方都处于极为认真的状态，自然无暇顾及胆怯与害羞。

一旦认真起来，教学方式也会越来越好。你会思考"为什么对方听不明白"，也会恍然大悟"原来如此，这样说对方就能懂了"，一来二去，教学方式会有质的提升。

这样一来，就为自己赢得了良好的口碑，会有越来越多不懂日语，想要学习日语的外国人主动接触你。这些外国人和本国的人也有紧密的联系，如果有学弟、学妹或朋友来日本，他们就会介绍"这是日语教得特别棒的日本老师"。

教日语的时候使用的自然是英语，因此说英语的机会会越来越多。由于刚来日本的外国人基本不会说日语，所以用英语带他们初步了解日本时大可不必胆怯。

日本人在与外国人用英语交流的时候，把握这种思想上的优势尤为重要。

创造必要性的事例 7　抓住用英语演讲的机会

创造使用英语的必要条件中，最有效的莫过于抓住用英语演讲的机会。除了在国内有关于日本的演讲，在海外，尤其是印度尼西亚、新加坡、越南、印度等亚洲国家也有演讲的机会。

我就职于麦肯锡的时候，在韩国工作的第 7 个年头曾受邀进行演讲，内容与互联网和电商相关。最理想的情况是使用韩语，这实在太难为我了，最后决定用英语演讲。

或许读到这里的你会抱怨"赤羽先生受邀用英语进行演讲很正常，我肯定没有这种机会"。我想说并不是这样的。喜欢动漫的外国人非常多，有不少活跃在世界杯赛场上的著名运动员都说自己是看了《足球小将》才开始踢足球的。《火影忍者》和《龙珠》等漫画也颇有人气。

很多外国人或是对相扑和柔道很感兴趣，或是折服于富士山和京都之美，或是被日本饮食的魅力吸引，抑或为日本人待人亲切的态度而叹服。结识一两个外国人，渐渐融入外国人的圈子，就会有越来越多的人请你做与日本有关的演讲。

只要准备工作充分，机会自然会找上门。

用英语进行演讲并非易事，但只要将演讲资料准备好，现场照读也能圆满收场。也许很多人认为英语的 PPT 上不能有太多字，要像史蒂夫·乔布斯那样只写关键词。其实对于英语非母语的人来说，还是不要过于在意。正因为发音不流利，速度较慢，才需要把重要信息记在资料中，否则可能无法让对方理解。

更何况，史蒂夫·乔布斯为了每年 1 月的盛大会议，需要提前几个月反复练习，才能有那样震撼的演讲。演讲的背后有举全公司之力进行的商品开发和夺人眼球的广告宣传，我们不能只关注他的演讲。这就好比把一百年前的双翼机和世界最先进的喷气式飞机或是把篝火与火力发电厂作比较，二者有着天壤之别。

对于日本人来说，最重要的是用英语演讲这件事。讲英语的日本人实在太少了，所以不管什么内容，只要抓住机会用英语表达，就能够引起别人的兴趣。也许你怕丢脸，怕被冷嘲热讽。但我还是建议大家鼓起勇气，挑战用英语演讲。我早期的英语演讲也不算很理想，但从未有过贻笑大方的经历。

这不是因为我不记得了。如果真的有贻笑大方的经历，肯定不会轻易忘记。我保留的都是一些好的回忆。我只在韩国、印度尼西亚、土耳其和中国台湾有过几次英语演讲，在印度有过十几次，基本上比较受欢迎。

更何况，几乎不使用英语的日本人特意来做关于日本和日企的演讲，这件事本身就难能可贵。我甚至敢断定，世界上没有一个国家的人会对此抱有嘲讽之意。

而日本人似乎不太尊重这样的努力。尤其是看到自己的同胞操着不流利的英语在拼命表达的时候，只会表示嘲讽。即使不嘲讽，也会觉得害臊，甚至冷眼相对。

这种态度在其他国家并不常见，所以你也无须在意。只要大胆挑战用英语演讲，就能收获别国友人的高度评价，外国人对日本的印象也会变好，不仅能够帮助日本走向国际，自己也乐在其中。

用英语演讲是掌握英语的捷径。演讲过后，会有很多人主动与你交谈。在那之后的鸡尾酒会上也会有人热情地前来搭话，像这样自然而然地融入英语环境中，就不会感到学习枯燥乏味。

在这里我要强调一点，不要等掌握英语之后再去做英语演讲，那样就是本末倒置。不管水平如何，现在就要付诸行动。

用英语演讲需要注意两个问题。一个是准备演讲资料。最好用 PowerPoint 或者 Keynote 等软件制作演讲稿，而不是直接使用 Word 软件。把你想要表达的内容全部放进去，这样一来，即使你的口语并不流利，大家也可以通过演讲稿了解你的想法。其次，可以多多使用图片、照片和视频，使表达更为直观。

演讲稿的内容丰富、文字多的益处还有一个。演讲过后，资料将通过听众被广泛分享，上传到博客以及 SlideShare① 等社交平台，使表达效果更好。

还有一个要注意的问题是答疑解惑环节。对问题尚不熟悉的时候可以请人翻译，即使不需要翻译，如果没听懂也可以多次跟对方确认。我们需要提前准备一个"问答集"，关于这一点我将在第五章说明。如果因为担心自己应付不了答疑解惑的环节而逃避英语演讲的机会就太可惜了，希望大家可以利用这些方法解决问题。

创造必要性的事例8　写介绍日本文化、历史和最新情况的英语博客

用英语演讲是非常好的机会，但并不常有。基本限于在业务上与海外有联系的人、在兴趣圈里有出国机会的人、在国内与外国人有接触的人以及偶尔受邀做演讲的人。

由于次数和主题受限，所以无法按照自己的喜好进行演讲，也不一定与自己的水平相匹配。

不过，确实有方法能够使我们获得自由使用英语的机会，增加学习英语的必要性，那就是写介绍日本文化、历史和最新情况的英语博客。

可能大多数人觉得，自己还不会使用英语，更别说写英语博客了。正因为如此，才更要利用这个机会。只要英语是中级水

① SlideShare（http://www.slideshare.net/）是一个专业的幻灯片存储与展示网站，也是世界上最大的幻灯片分享社区。

平，努努力就可以写出文章的人，都可以试试这个方法。

更何况几乎没有日本人会用英语写博客。虽然外国人多少了解一点动画、漫画及日本饮食文化，但没有读过日本人用英语介绍这些内容的博客。即使其他国家的人非常喜欢日本动漫，或是对日本文化和历史很感兴趣，他们也几乎看不到日本人用英语介绍这些事。

音乐迷、足球迷、职业棒球迷、美国足球迷等，正因为有着狂热的喜爱，才会不满足于只获取本地信息，而是想先人一步了解最新情况，比如关于艺人、运动员的没有用日语报道过的一手资讯。

同样，在世界各地的日本迷们，一定也迫切希望看到日本人的深度介绍。当然，喜欢日本的外国人会用英语写关于动画的文章，但这跟日本人的理解和解说还是有很大差别。日本迷们应该更希望看到来自日本人的解说。

话虽如此，用英语写博客却并非易事，对于那些连日语博客都没写过的人来说更是如此。那么不妨先用日语写，等熟悉之后再慢慢用英语写。

写博客是一个良好的开始，我非常推荐大家这样做。

大家可以参考以下步骤：

1. 在自己喜欢或擅长的领域中，思考能够写出的关于日本文化、历史及最新情况的内容，写出 10 个题目。

2. 确定题目，用谷歌搜索并阅览 10 篇日语文章。将相关关键词设置为谷歌提醒，接收最新消息。

3. 用日语写出内容提要。

4. 试着用英语写出上述内容提要。

5. 请英语为母语或接近母语水平的朋友修改。他们会不自主地手下留情，所以一定要强烈请求他们严厉一些。

　　第 4 条能做到何种程度取决于个人水平，不过最后总归要请人修改，所以不必太在意。有 70 分水平的人，也有 20 分水平的人，但因为内容熟悉，所以终究能写出来。我们的目的不过是写英语博客，开启良性循环。

　　当然，需要提前找好第 5 条中提到的"英语为母语或接近母语水平的朋友"。方法有很多，比如"向留学生或来日本的外国人介绍日本"或者"教留学生或在日本的外国人学习日语"。通过这些方法认识英语母语者或者非英语圈但英语很好的人，请他们帮忙修改即可。

　　日本人总是把英语想得太复杂，其实非母语的人只要适当会说英语，或者能够应付日常交流就可以，用法稍微有些奇怪也无须在意。在使用过程中，你的英语能力会逐渐提高。

　　做好这些准备后，就可以开始发布英语博客了。在文章的最后，记得附上邮箱或者社交网站的账号、链接等，让别人能够联系到你。这样一来，对日本有兴趣的人迟早会主动联系你。

　　你的前一两篇英语博客或许不会引起别人的注意，但只要坚持写，在这个过程中必定能收获价值，获得回报。我们的目的就在于创造学习英语的必要性。

第三章

集中学习3个月，休息1个月

英语的学习自然无法做到细致、长久

本章将对"坚持学英语"的第 2 个建议，即"集中学习 3 个月，休息 1 个月"进行详细说明。

应该没有人不想学习英语吧？虽然我们在初中和高中长达 6 年的时间里学习了英语，却无法实际应用。这其实是有原因的。

即使不会英语，眼下也不会受到影响。

即使会说英语，现在也没有表达的需求，不像在海外必须用英语交谈。在日本，即便会英语，收入也不会成倍增加。所有工作只用日语就能完成，多数情况下，英语跟升职加薪没有太大关系。

虽然有些外资企业会将英语作为筛选人才的标准之一，但因为选择项很多，大部分人不会在意。

在英语不受重视的环境中，英语的学习自然无法做到细致、长久。想要保持强烈的学习欲望很困难，即使一时能做到，也很难坚持，因为没有需要学习英语的理由。英语学习本身也无法勾起我们的兴趣，无法令我们从中感到振奋。

3 个月可以做到集中学习

如果说很难细致、长久地学习，不妨试试在短期内，比如制定 3 个月学习英语如何？集中精力学习 3 个月应该能做到吧？

在不会英语的情况下，不知道何时才能学成，也看不懂文章和视频，感受不到乐趣，反倒觉得沉重。如果明确地把时间定为 3 个月，行动起来会稍微轻松些，时间也比较充足。

商务人士的日常工作和生活节奏很紧张，总是有处理不完的事项。在这种情况下，开展英语学习计划本就勉强，如果能明确期限和要做的事，应该就能集中精力做到。

并非不间断地学习，而是集中学习 3 个月，休息 1 个月，这样更容易把英语学习融入日常工作和生活中。在休息的这 1 个月里，处理一下积攒的事情，心情也能畅快许多。

一旦决定好时间，大脑就会时常提醒自己学习英语，从而避免因做不到而后悔，或没能完成自己定下的目标。集中学习 3 个月，休息 1 个月，充足的时间也会使我们在精神状态上轻松不少。

安排 1 个月的休息时间，更容易做到集中学习 3 个月。

也许有人会认为"只学 3 个月没什么效果"，实际上并非如此，如果集中 3 个月认真学习英语，能够获得很大提升。与没有目标、懒散度日不同，这样能够使我们获得显著的成长，收获自信。

"在 3 个月内集中处理"，这对于商务人士来说更容易接受。因为为期 3 个月的项目很常见，很容易把握节奏。

把英语学习当成一项为期 3 个月的项目，不仅会感到更轻松，也更符合平时的习惯。

树立想在 3 个月内达成的目标

"今年一定要学英语。目标是托业考试成绩提高 150 分。"以这种乐观的想法学习英语，大抵会以失败告终。在本书的读者朋友中，应该也有类似的经历吧？

不仅限于英语，没有期限和必须达成的目标的计划在多数情况下都无法顺利推进。因为没有明确到何时、做何事、做到何种程度以及牺牲什么、需要拿出几分干劲等。

尤其是很多人都不擅长的英语，即使在初高中学习了 6 年也不会说，只是设一个目标更是无济于事。失败的经历太多，不擅长英语的自我意识反而增强了。

不妨试试规定 3 个月的期限，在这段时间里集中学习。利用 3 个月，即 12 周的时间，确定好每周的学习进程，逐渐达成目标。

比如——

看视频

在 3 个月的时间里，利用每天早晚各 1 小时的时间认真看英语视频。内容可以是新闻、电视剧，等等。当然可以利用通勤、上学的时间学习，不过最好还是在自己家里，集中注意力去观看，不要漏听一词一句。刚开始的时候即使听不懂也没关系，重要的是逐渐熟悉英语。

周末能够增加到早晚各 2 小时最好。这样一来，在 3 个月的时间里，集中听英语的时间将达到 200 小时以上。若是观看自己喜欢、感兴趣的内容，就能保持旺盛的好奇心，在享受的同时获得知识，逐渐熟悉英语，甚至连人名也能听出来，因此很容易坚持。

浏览英语文章，将标题记在 A4 纸上

在网页上搜索自己喜欢或感兴趣的内容的关键词，浏览约 100 篇英语文章，然后将这些关键词标记在谷歌提醒上，每天浏览谷歌推送的文章。

谷歌提醒是谷歌提供的免费功能，只要是与设定的关键词相关的文章，它会一篇不落地为你推送。它的语言也可以设定，假设你喜欢一个美国女歌手，那么只要输入她的名字、热门歌曲、人气较高的写真集名称等关键词，再设定为英语文章即可。

刚开始看不太懂也没关系，每天早上看看推送的文章标题，尽可能多地浏览。

如果没时间浏览一遍，就大致看一眼。看过几十篇文章之后就能渐渐了解文章的内容，建议将标题记在 A4 纸上。或许有的人喜欢用电脑打字，但从轻便、快捷、纸张积累增加带来的充实感来说，我更推荐手写。

因为文章来自自己喜欢或感兴趣的领域，跟喜欢的艺人、选

手和主题相关，所以能够乐在其中。刚开始的时候一头雾水也没关系，只要不断积累就好。

A4 纸的标题可以直接引用文章标题、喜欢的词句，或者抄写几行感觉比较重要的内容，按类别记录在不同的 A4 纸上。

日积月累，当这样的笔记增加 10 张、20 张，到 100 张之时，大脑中就有了较为清晰的框架，也能大致看懂遣词用句，更重要的是能建立起自信。

阅读喜欢或感兴趣的文章，随时掌握艺人、选手和关注的名人的动态，这时你就能充分感受到，翻译成日语的内容只是九牛一毛，而且信息滞后，甚至有错译或漏译等问题。

你会觉得"为什么那些日语文章似乎都在讲同一件事？明明还有很多其他内容。翻译得如此不认真，写文章的人肯定不是粉丝，也不是专业人士"。

另外，谷歌提醒是学习英语，尤其是锻炼阅读能力的有效工具，我将在第五章再次说明。

关于 A4 纸的内容，我也将在第六章再次说明。

边看视频边进行影子练习

长期浏览自己喜欢或感兴趣的文章和视频，就会逐渐掌握节奏感，也逐渐能够听懂。这时就可以进入下一阶段：影子练习。

所谓影子练习，就是在听英语的同时小声复述。为了熟悉这一方法，可以先从日语开始练习。新闻或者其他内容都可以，刚开始练习难度会比较大。即使是听日语，可能也听不全三分之一的内容。不过多加练习后，渐渐就能掌握技巧。即使练习不充分，也能养成仔细倾听每一个词句的习惯。

用英语进行影子练习，难度会更大。不过像美国前总统奥巴马的演讲这类文章，面向普通民众的演讲和采访节目较为通俗易懂，多为语速偏慢的内容，适合拿来练习。反复听，让耳朵和嘴巴充分适应即可。

影子练习或许不会那么顺利，这也没关系，因为通过影子练习所做的心理准备和训练，能够使耳朵更为习惯英语单词。

休息 1 个月，会有想学习英语的冲动

集中学习 3 个月，特意留出 1 个月的休息时间。一想到可以有 1 个月不用学习英语，心情也会明朗。3 个月的努力学习可以换来 1 个月的休息。如果习惯了收集英语信息，觉得"不，我不想休息"，那自然极好，按自己喜欢的方式去做即可。

在休息的时间里，因为每天突然多出 2 个小时，可以轻松去做任何想做的事。可以着手处理在 3 个月的英语学习期间积攒下的待处理事项。这样一来，就不会因学习英语而产生压力，比如"必须做那件事""这件事 2 个月也做不完"。

另外，比起自始至终一直提醒自己"必须学习英语"，这种方式更为轻松。"啊，终于可以不用学英语，好好放松一下了。"因学习英语而产生的压力会被抛至九霄云外。

休息 1 个月之后，会想要重新投入英语学习。如果我说中了，那么着实令人高兴。这说明我们每个人都有的叛逆心理在起作用。

在 1 个月休息期限的最后 1 周里，请拿出 A4 纸，写下在接下来的 3 个月，即 12 周的时间里要达成的目标及学习计划。这

样一来，下一轮集中学习 3 个月的欲望会更强烈，向学习伙伴分享起来也能信心满满。

带着新鲜感，再集中学习 3 个月

休息 1 个月，能够让我们带着新鲜感开始下一轮为期 3 个月的学习。这种以 4 个月为一个周期的方式，能够让英语学习变得有趣。因为通过浏览喜欢或感兴趣的领域的文章和视频，我们不仅能够增加知识，好奇心也会越来越旺盛。

在这一过程中，阅读英语文章、看英语视频会逐渐变成一件有趣的事，英语将自然而然地融入日常生活中。

英语的阅读能力和理解能力提升后，说与写的能力自然会提高。这样一来，与外国人的距离感也会越来越小。"说英语"不再是一件特别难的事，你也能够自然地打招呼，甚至做会议主持。

英语达到这个水平的过程最为辛苦，既麻烦又痛苦。以自行车为例，一旦学会了骑自行车，就可以随心所欲地去任何地方，令人不禁想要快点儿学会。英语也是如此，有了这种想法，学习过程就会变得令人享受。

为了这个目标，在 3 个月的时间里，集中学习自己喜欢或感兴趣的领域的文章和视频，然后休息 1 个月，再集中学习 3 个月，然后休息 1 个月……希望大家能重复这个过程。

如果是为了学习而学习，那么学习无论如何也无法成为一件趣事。这样一来就无法坚持学习，更多的是感到枯燥和痛苦。而且英语学习没有终点，只能不情不愿地勉强坚持，不能休息。如果大脑一直想着必须学习，实际上不仅无法集中精力，也没有放松的时间。

我们需要彻底改变这种状况。

第四章

找到一起学习英语的伙伴

能够独自坚持下去的人寥寥无几

本章将对"坚持学英语"的第 3 个建议，即"找到伙伴"进行详细说明。

能够独自坚持单调的英语学习的人，寥寥无几。由于不能现学现用，所以真正能独自坚持下去的，大概只有非常认真、特别努力的人。

如果坚持不下去，并非你不够热爱学习或者不够认真，而是这件事本就是一般人难以做到的。

即使对在一定程度上能够读懂英语文章或听懂新闻的人来说，也绝对是日语更轻松。只需看一眼，日文中的汉字就会印在脑海里，听到的日语也能自动转换成汉字。

在这种情况下，很少有人能做到独自坚持单调的英语学习，直到掌握商务英语。

我也如此，不仅是英语，还有其他一些我想自己做但没能坚持下去的事。大都是一些非常普通的事，比如每天读 30 分钟关于量子力学的书，早晚做拉伸体操，每天做 30 个俯卧撑、50 个腹肌训练等。我有好几次下定决心通过减少碳水化合物的摄入减肥，结果没过两天就受不了了，去吃了拉面。在这些事情上，我的意志力并不强大，因此从未独自坚持完成。

对于每天忙于工作的商务人士来说，每天独自一人挤出时间，做这些枯燥且痛苦、出成果又慢的事情并非易事。

从身边寻找可以一起学习英语的伙伴

鉴于上述情况，我建议大家从身边找一个有相同喜好、同样希望更早且更彻底地掌握相关领域情况的伙伴。

这里说的"身边"是指 1 个月可以聚会几次的距离，如同事、同学、朋友、熟人或者有相同兴趣爱好的人。不过聚会不是必需的，即使不相聚，一想到身边有这样的伙伴，心里也会受到莫大的鼓励。

像室内足球小组或合唱社团那样，兴趣相投的人总能聚在一起。同样，可以建立一个英语学习社团。当然，并非为了进行枯燥无味的学习，而是聚集一些"希望更早且更彻底地掌握喜欢或感兴趣的领域的相关情况，为此想要读英语文章、看英语视频"的人。比如：

1. 巴萨 ① 的球迷可以组建"想用英语了解更多的小组"

——————————

① 巴塞罗那足球俱乐部，简称"巴萨"，西班牙豪门足球俱乐部，也是世界足坛最成功的足球俱乐部之一。

2. C 罗 ① 的球迷可以组建"想用英语了解更多的小组"
3. 喜欢泰勒·斯威夫特 ② 的人也可以组建"想用英语了解更多的小组"

　　这样的社团小组遍布各地。在东京或许还能进一步细分为几十个小组，刚开始聚会的场所可能只有一个，随着组员人数的增加，可以扩展到涩谷、新宿、池袋、品川、有乐町、六本木等地。

　　一想到自己不是孤身一人，还有其他伙伴也在努力，会更容易坚持下去。只要跨越了最初这道坎，就能够顺利开始。而一旦开始，就不觉得辛苦了。良好的开端是成功的一半。

　　在网络社会中，很容易找到兴趣相同的伙伴。除脸书、LINE 之外，还有很多社交网站。每个兴趣圈里都会聚集 10~20 个人，即使是工作繁忙的商务人士，也能够找到合适的时间，约几个伙伴聚会。

　　比起"枯燥乏味的英语学习"，"想知道更多关于自己喜欢或感兴趣的领域的情况，想看最新的新闻，想直接与外国人交流"的想法，更能促使我们找到伙伴，也有利于坚持。

读者之间搭伴学习

　　我想，正在读这本书的朋友，应该都是这样的人：

　　1. 想要学习英语；

---

① 克里斯蒂亚诺·罗纳尔多，简称 C 罗，葡萄牙男子足球运动员。
② 泰勒·斯威夫特，美国女歌手、音乐制作人、演员、慈善家。

2. 经受过挫折；

3. 希望这次能坚持下去；

4. 现在正在读这本书。

既然是"同病相怜"，不如搭伴学习？

"即使工作繁忙，也想了解更多关于自己喜欢或感兴趣的领域的情况，想多读、多听，想熟练使用英语。"如果抱有相同的初衷，那么读者之间很容易聚集。

"想要找个同伴一起学英语"，如果你身边有抱有这一想法的朋友，你可以邀请他一起学习。比如有这样两个人，他们非常喜欢全世界足球俱乐部中顶尖的巴萨，想要通过英语文章和视频了解更多，那么可能发生如下的交谈：

"你看过赤羽先生写的《麦肯锡教我学英语》吗？"

"看过。"

"那咱们一起学习吧。同样喜欢巴萨的人，可以看没有被翻译成日语的文章和视频，然后相互讨论。书里写这样做更能坚持学英语。"

"嗯，那咱们试试吧。还有追巴萨追到西班牙的家伙呢！他也想学英语，我去邀请他。"

"好主意。我们还能跟他请教，太棒了！"

先是有喜欢足球的爱好，然后"想抢先一步知道昨天的比赛结果，想看今天的现场直播，想看对梅西的采访，日语的内容太少，不够看"。像这样把英语当作深入了解兴趣的手段，会产生等不及翻译成日语后再看的强烈动机。

在社交网站群组里寻找学习伙伴

如果读者之间能够搭伴学习，那再好不过了。但地区不同，领域有别，可能在身边找不到合适的伙伴。为此，我特意建立了一个"将英语坚持到底"的社交网站群组，也请读者朋友们一起加入。

有些社交网站在全世界范围内的月活用户数超过 15 亿，在日本国内有几千万用户，建议想要接触英语、学习英语的人熟练使用。很多社交网站的所有功能都是免费的，对于活跃在世界各地的商务人士来说，已经成了必不可少的社交工具。

群组是其中一个功能，能够在线上建立社区。用户可以对同一社区的其他用户的投稿进行评论，也可以自由地与其他人交流。

我正在考虑以读者为中心，针对喜欢或感兴趣的领域，聚集几万人参加"想用英语了解更多"的群组，然后将参加者按照不同地区分成单独的小组。

具体来说，就是在每个地区找一位带头人，建立地区分科会。人数少的话就在每个地区建立一个，多的话就建立如刚才所述的单独小组，如：

1. AC 米兰球迷建立的"想用英语了解更多的小组"浦安分科会

2. 内马尔球迷建立的"想用英语了解更多的小组"世田谷

分科会

3. 碧昂丝歌迷建立的"想用英语了解更多的小组"广岛分科会

4. 喜欢纽约的人建立的"想用英语了解更多的小组"福冈分科会

有相同兴趣爱好的人在各地建立群组，就自己喜欢的话题分享相关的英语信息，这不失为一件趣事。

想必还有不愿意用社交网站的朋友，但这对于想要学习英语、接触国际环境的人来说是非常有用的工具，我建议不妨趁此机会尝试使用一下。所有功能都可以免费使用，但要注意以下几点。

男性朋友可能会接收到来自国内外的美女发来的好友申请，备注写着"对你感兴趣"等，不要理睬这样的好友申请，因为百分之百是垃圾邮件、虚假信息。如果接受了好友申请，你的账号可能会被不当使用，连累自己的好友，务必无视此类信息。况且，突然有外国美女主动搭讪，这种在现实生活中发生的可能性几乎为零的事情，更不可能在社交网络中发生。

此外，有很多群组聚集了来自世界各地的日本动漫粉丝，使用的语言自然是英语，所以对于想熟悉英语、交到外国朋友的人来说非常有用。

单独建群分享学习进展

在第三章里，我建议大家"树立3个月内要达成的目标"。

不妨将这一目标分享在社交平台的地区分科会，每周分享一下学习的进展情况，这样一来就很难掉队了。我身边有建群写《零秒思考》中的 A4 笔记，或是创建思维框架的伙伴。他们每天分享自己的进展，相互激励。

因为多数人无法做到独自坚持，所以我认为这个方法很有效。当然这种事需要牵头人，只要有人提议，举手参加的人应该比想象的多。这就是当下流行的社交媒体的影响。

关于在 3 个月内集中要做的事，我的建议如第三章中所述，有以下几个：

1. 看视频；
2. 浏览英语文章，将标题记在 A4 纸上；
3. 边看视频边进行影子练习。

3 个月后，创造英语实战的机会

在第三章中，我提到"浏览英语文章，将标题记在 A4 纸上"。坚持 3 个月，你会发现，与自己喜欢、感兴趣的领域相关的英语笔记已经写了 100 页。如果条件允许，各地区及各领域的分科会成员可以聚在一起，创造英语实战的机会，作为 3 个月英语学习的总结。

之前提到过，我考虑在东京定期举办"将英语坚持到底"学习会。根据领域的不同可以分成几个小组，具体情况需要根据人数来确定。我的设想是：

1. 喜欢研究虚拟货币的"想用英语了解更多的小组"

2. 喜欢研究区块链的"想用英语了解更多的小组"

3. 喜欢研究金融科技的"想用英语了解更多的小组"

4. 喜欢研究人工智能的"想用英语了解更多的小组"

5. 喜欢研究机器人、自动驾驶汽车的"想用英语了解更多的小组"

6. 喜欢研究无人机的"想用英语了解更多的小组"

我当前比较感兴趣的是这 6 个领域。关于这些领域的日语文章不计其数，但大部分是重复或改编的，比起能用英语接触到的文章和视频，这只是九牛一毛。

前些年，我在写关于 2014 年 SXSW 大会①的 4 篇博客时，需要查阅几百篇日语、英语的文章，深切体会到信息量的决定性差异。

"将英语坚持到底"的学习会要从什么时候开始？因为本书将于 3 月 31 日在日本出版，所以第一次活动我计划这样做：

从 1 个月之后，即 5 月 1 日算作大家开始学习的日期，然后在 7 月底举办第一次"将英语坚持到底"学习会。之后休息 1 个月，然后从 9 月至 11 月开始新一轮为期 3 个月的学习，第二次"将英语坚持到底"学习会定在 11 月底。12 月休息，明年 1 月至 3 月学习，然后在 3 月底举办第三次学习会。

也就是说，一年将举办 3 次学习会，分别在 3 月底、7 月底和 11 月底，希望读者朋友们参考这个时间，在全国各地举办地

① SXSW 大会是以科技、音乐和电影为主题的盛会，每年于美国得克萨斯州奥斯汀市举办，已有 20 多年的历史，超过 10 万人参加。

区分科会。

全国各地的读者朋友们同时进行 3 个月的集中学习，然后在同一天、同一时刻举办"将英语坚持到底"学习会，聚在一起共享喜欢或感兴趣的领域的最新情况，分享自己的学习成果和技巧，用英语进行演讲等。这样的学习会一定会激发大家学习英语的热情。

在相互分享自己的英语学习技巧和进展情况之后，参考 3 个月来浏览文章和视频时做的英语笔记，尽量用英语进行演讲。

"你知道吗？其实……"像这样拿出自己作为粉丝的热情，分享内幕消息和最新情况。这样的学习会想必很愉快。

英语就像乘坐电车和用 LINE 与他人联络一样，只是一种工具，不必郑重其事地对待它，学习英语也不是学习枯燥乏味的语法。

"长见识了，很高兴""知道了许多自己喜欢的体育选手和艺人的事情，很高兴""能与有着相同兴趣爱好的伙伴交流，很高兴"，有这种感觉就好，渐渐就不会再抵触英语。

坦诚分享自己能够坚持学习英语的理由和中途放弃的理由

"将英语坚持到底"学习会暂定每 4 个月举办一次，每次持续约 2 个小时。至于如何分配时间，完全交给各地区分科会决定。我举个例子，可以在前 1 小时用日语坦诚分享自己能够坚持学习英语的理由和中途放弃的理由。

有很多人会反省自己为什么没能坚持下去，但很少有人会跟学习伙伴分享自己是如何完成计划的，或是如何在快要放弃的时候鼓励自己坚持下去的。

同样，很少有人会跟别人提起自己放弃的理由，因为这不是什么光彩的事。甚至很多人会习惯性地避开学习英语或上英语口语班这一类话题。

我认为，在"将英语坚持到底"学习会上，大家不必遮遮掩掩，而应坦诚交流。这样一来你会发现，"原来不止我这样""原来这样做可以战胜诱惑""我好不容易才克服了，原来有这么多人没能做到，这么说来我做得还不错"，等等。

通过坦诚交流，你会惊讶地发现，自己已变得心胸开阔、充满自信。很多人对自己没有信心，大概是因为从未受过父母、老师和上司的夸奖。

每天被叱责、愚弄，原本十分优秀、拥有无限可能性的人也会贬低自己。这样的人有很多，我时常感到非常遗憾。

遭受这种待遇的人基本会变得无法畅所欲言。即使偶尔跟朋友或同事抱怨，也不会坦诚分享自己做出的努力。因此，在每4个月举办一次的"将英语坚持到底"学习会上，通过坦诚交流，你会有很多收获，也能获得激励。

其实在听了别人的挫折和失败经验以后，不仅能够生出优越感，心情变得豁然开朗，还能受到莫大的激励，不让自己重蹈覆辙。这不失为一件一举两得的好事。

收集英语资料、用A4笔记准备英语发言的内容

在"将英语坚持到底"学习会剩下的1小时里，大家可以根据自己收集、整理的英语笔记，分享3个月来关注的话题。刚开

始的时候，哪怕只是大声读出文章的标题和概要也没关系。其中必有使人大吃一惊的新闻报道，足够活跃气氛了。

尽管大家的英语能力各不相同，但收集、整理的都是自己感兴趣的话题，交流的过程中氛围必然十分活跃。即使你的英语能力略微逊色，也可以用素材来补救。如果分享的素材足够吸引人，同样能获得别人的尊敬。

在这之前，需要先收集英语资料和做英语笔记。

一般来说，只要与自己喜欢的艺术家或足球运动员相关，我们想了解的就不单是最新消息，甚至包括他们的人生经历和兴趣爱好。这样的信息中只有很少一部分被翻译成了日语，带有日语字幕的视频更是少之又少，很多都是重复同一内容。因此，即使英语能力稍差，在收集英语资料上付出的努力多的话，也能掌握"独家新闻"。

收集到的资料可以以笔记的形式记在 A4 纸上。

英语不好也没关系，大胆交流吧

通过收集英语资料和做英语笔记，做好准备工作之后，利用"将英语坚持到底"学习会剩下的 1 小时大胆交流吧！即使说得不好也没关系，照着笔记读出来即可。我看到这样一篇文章……（I found an article regarding...），可以使用这样的开场白，任何人都能做到。

英语不好也无须在意，这只是自己的感觉，对方不会多想，只会努力理解你的发言内容。至少其他国家的人会这样做，只要开口说，英语就会有进步。

日本人很在意自己说的英语是否地道，发音是否准确，因此与亚洲、东欧和中南美洲等其他国家的人相比，日本人很少说英语。但是不说就无法进步。

在英语的世界里没有所谓的优与差，只是日本人放不下毫无意义的羞耻心，无法迈出第一步。是时候改变想法了，语法也好，发音也罢，都无所谓。只要愿意开口说，总能进步。如果不愿意开口，即使在学校学习了 6 年英语也毫无用处。

若作者每隔 4 个月举办一次"将英语坚持到底"学习会，希望大家来参加一次

我在前面提到，将在 7 月底、11 月底和第二年 3 月底在东京举办"将英语坚持到底"学习会。刚开始的名额暂定 10~20 人，因为活动会一直持续，所以希望地方的读者朋友也能来参加一次。

我非常希望大家能参加一次，了解学习会的氛围和结构，回去之后可以在本地同时举办类似的学习会，从而相互激励。

或许有朋友会感到疑惑："这不是英语学习书吗，怎么做起活动策划了？"正是如此。市面上有无数的英语学习方法，还有英语学校、英语会话、英语家教、英语 APP，等等。资源这么多，可还是没有会说英语的人，原因就是弄错了根本问题。

众多学习方法大同小异，但要想将英语学习坚持到底，就需要大家在线上或线下聚在一起交流，相互激励，这也是我提出做活动的原因。

本书既是书，也不全是，或许可以称之为"在多地同时举办

活动的倡议书、将英语坚持到底活动的策划书"。本书要讲的就是："读者朋友们，如果想提高英语能力，一定要像这样与其他人一起愉快地学习！"

一般而言，书为读物。但我希望大家将本书当作一本行动计划书或是手册，由它指导大家如何结交一起学英语的伙伴、如何一起坚持学习。

第五章

在短时间内提高英语能力的学习方法

从本章开始，我将尽可能详细地介绍我使用过的英语学习方法。

本章分为 4 个板块，分别介绍锻炼听力、阅读能力、口语和写作能力的具体方法。学习英语最重要的是定量和集中，因此希望大家用第三章中提到的"集中学习 3 个月"的方法来实践。

如何锻炼听力

早晚各用 1 个小时，在家集中看感兴趣的视频

锻炼听力最便捷且最有效的方法，就是早晚各用 1 个小时，在家集中看喜欢或感兴趣的领域的视频。有很多网络视频、播客、DVD、TV 等，有些视频长度在 10 分钟到 1 小时左右不等，观看起来较为方便。

网络上可以检索到各种下载视频的服务，十分方便。下载完

视频后可以将播放速度调至 1.5 倍速，这样对提升英语听力很有益处。

比如，使用倍速观看可以在相同时间内听到更多的英语，或是用更少的时间听到等量的英语。

此外，习惯倍速播放后能够增加自信。使用 1.5 倍速练习听力后，再用正常速度听，就会发现能够清楚地听懂一词一句。这种练习方法类似于加速度测试，不过在两倍速播放时，听力难度会稍大。

也许很多人鼓励"边听边做其他事"，但我不这么认为。英语的听力训练不是听音乐，如果不集中精力很难听懂。它与备考学习中播放的背景音乐不同。对商务人士来说，最好能集中精力，一字不漏地听完，如此才能见到成效。"边听边做其他事"，乍一看能节省时间，实际上反而使时间密度变小了。

正因为时间有限，我们才要高度集中精力观看视频。在集中观看自己喜欢或感兴趣的视频的过程中，你的英语听力会渐渐提升。

在对英语没信心、听不懂的时候，不妨将同一视频反复听10 遍左右，渐渐就能听习惯。视频可以是喜欢的艺人或运动员本人的声音或最近的采访。刚开始练习时，这些材料就已足够。类似这样的文章和视频几乎没有被翻译成日语，是积累素材的好资源。

灵活运用通勤时间

通勤时间自然也要充分利用起来。

根据自己的习惯，可以观看视频，也可以收听播客或网络广播等。如果通勤路上信号不好，需要我们提前下载下来。

无论方法如何，最重要的是，无论身在何处都要集中精力去听一词一句。如果是日语，通常情况下，即使不集中精力也能全部听懂。但要想听懂并非母语的英语，必须集中精力才能在短时间内获得提高。

有不少喜欢外语歌曲的人是通过听英文歌学习英语的。对于喜欢听音乐的人来说，同一首歌听 10 遍，将歌词全部记下，不失为养成英语思维的好方法，也能充分利用通勤时间。

总而言之，希望大家找到能让自己集中精力且对收集资料乐在其中的英语学习方法。

不习惯看视频的人可以用 DVD 看电视剧

对于不习惯看视频的人，我建议用 DVD 反复观看电视剧。之所以不选择电影，是因为相比之下，电视剧更好理解。

尤其推荐对话非常多的电视剧，比如律政爱情类电视剧《甜心俏佳人》，里面有很多对话。因为主人公艾丽说话速度非常快，所以能听的内容很多，而且她的发音很清晰，容易听懂。

观看方法如下：第 1 遍看带有日语字幕的，第 2 遍看带有英语字幕的，第 3 遍看不带字幕的。这样一来，即使是新手也能在第 1 遍了解剧情，在第 2 遍习惯英语听力，同时眼睛也能跟上一半英语字幕。第 3 遍虽然不带字幕，但新手也能够听懂一部分。如果基本没听懂，就继续看第 4 遍、第 5 遍、第 6 遍……直至全部听懂为止。

渐渐就能在某一刻突然跟上英语的节奏。在这一刻到来之前，反复练习即可。之后看其他电视剧也是如此，不要执着于听不听得懂这件事，而要反复练习，这样才能感受到进步。

片假名^①听写

如果身边有英语水平较高的朋友，可以试试片假名听写。

所谓片假名听写，是指将听到的词句直接以片假名的方式记录下来，适用于不会拼写英语单词，或完全听不懂英语发音的情况，这时可从发音入手，攻克难题。

比如：

I went to McDonald's with Bob.（我同鲍勃去了麦当劳。）

可以写成：

アイ　ウェンナ　マクダノウ　ウィズ　ボブ^②

之所以推荐这个方法，是因为听到的英语发音可以使我们联想到在学校学习的英语句子。

当然，像 I 和 went 这种能听懂的词可以直接写成英语。但是不知道マクダノウ是什么，也不会拼写的时候，暂时将其写成片假名即可。

事后可以询问英语水平较高的朋友，当你得知这个单词是"麦当劳"的时候，一定会很震惊，因为正确的英语发音与日语中外来语的发音并不相同。

片假名听写的方法能让英语听起来更加顺畅，逐渐习惯地道的英语发音。因为日语中大多数外来语的发音与地道的英语发音有很大的不同，所以刚开始的时候很容易让人心生疑惑。比

---

① 片假名是日语中表音符号的一种。外来语、拟声词等常用片假名书写。

② 此句的日语罗马音为：AI UENNA MAKUDANO UIZU BOBU。——编者注

如"International"（国际的）一词，日语是"インターナショナル"，但其实真正的英语发音更接近"イナナショノー"。①

片假名听写最大的益处是让我们认识到之前的发音是错误的。

在这里分享一个题外话。前些天，有一个刚刚接触片假名听写的人，在第二天读自己写的片假名时，被其夫人夸赞"英语发音地道了许多"。因为通过片假名听写写下的不是错误的英语发音，而是自己的耳朵切切实实听到的音节，更接近地道的英语发音。

听写时注意每个词句

如果想在短时间内提高英语听力，我建议采用听写的方法。所谓听写，即将听到的英语一词　句全部写下来。由于说话速度比写字速度快好几倍，所以需要多听几遍。

如果有无论如何也听不懂的词，可以用上文提到的片假名听写法，先记录下来，之后找英语母语者或英语水平较高的人确认。

我们还可以使用英语的朗读功能，一个人进行练习。如：

VOA Learning English（http://learningenglish.voanews.com/）

该网站上有一些时事新闻，不仅可以阅览，还附带朗读功能。听第 1 遍时先不要看文本，写下听到的每一个词。反复听几次，将自己能听懂的英语全部写下来，然后与原文比对确认。

其他网站还有：

---

① インターナショナル的日语罗马音为：INTANASHONARU；イナナショノー的日语罗马音为：INANASHONO。——编者注

Efl.net Improve your English（http://www.efl.net/caol.htm）

这里的文章有多个分类，可以在听写之后与原文比对。比较好的功能是可以通过单击返回到几秒前，很适合听写。只是这里的内容比较旧，大家可以按需选取。

比如，在 Feature（专栏）这一分类里，收录了乔治·布什、马丁·路德·金、温斯顿·丘吉尔的演讲。虽然内容很"古董"，但拿著名人物的演讲做听写练习，不仅能学习现代史，也能让自己习惯不同的母语发音，不失为好的方法。

还有一个网站，汇集了美国前总统奥巴马的几乎所有演讲：

American Rhetoric（http://www.americanrhetoric.com/barackobamaspeeches.htm）

除此之外还有大量其他的内容，对于刚开始进行英语听写的人来说，简直是宝藏般的网站。

经过几次听写之后，就能够听懂连贯对话的一词一句，听的同时还能够在脑海中浮现出对应的词汇。语速快的内容听起来也渐渐不再感到吃力。

前文提到，建议早晚各用 1 个小时，在家集中观看感兴趣的视频，希望大家在观看时也能听写出其中的每一个词。

通过影子练习复述听到的内容

影子练习同样有效。所谓影子练习，就是将听到的英语几乎同步地跟读出来。

这绝非易事，但只要勤加练习，就能轻松地在头脑中浮现每个词。我做得还不算非常熟练，不过奥巴马的发音清晰明了，相对来说容易进行影子练习。

我是理工科出身，学的是机械工程，说实话对政治不是很感兴趣。出于学习英语的目的，我有意识地去听奥巴马的演讲，在做影子练习的过程中渐渐产生了兴趣。如此说来，我虽然不是从喜欢或感兴趣的领域入手，结果却产生了兴趣。

受此影响，我对美俄和中美关系、欧洲与俄罗斯的关系，还有发达国家与发展中国家的关系等产生了浓厚的兴趣，内心很是愉悦。有关这类内容的日语报道有所偏颇，而作为商务人士应追求客观公正，因此很有必要了解原汁原味的英语信息。

等在一定程度上能够跟上英语之后，就可以开始注意语调的问题。掌握了语调高低、抑扬顿挫，英语发音会更自然。建议大家用政治家的演讲进行影子练习，选择自己喜欢的话题，模仿得越像越好，这些话题还能成为以后与外国人的谈资。

如何提高阅读能力

必须多读

想要熟练使用英语，必须增加阅读量。阅读量多了，就能几乎无障碍且轻松愉快地了解必要信息。而且，阅读量增加后阅读速度也会提升。

"每天把 *Japan Times* 从头读到尾就行""要坚持阅读，哪怕一天一篇也好"，或者像我一样订阅 *Newsweek* 或 *TIME*，这说起来容易，做起来并不简单。

之所以很难坚持，是因为没有获取英语信息的需求。每天推送的英语新闻和每周更新的英语杂志的内容自己都不感兴趣，自然觉得无趣，商务人士对此也无暇顾及。该掌握的信息已经多如牛毛，每天、每周读这些不必要的内容是一件很痛苦的事。

如果是自己喜欢或感兴趣的领域，为了获得关于自己喜欢的艺人或运动员的更多信息，会不自觉地增加阅读量，看到什么内容都想读一读。一旦有想读的冲动，甚至都意识不到"增加阅读量""提高阅读速度"这种给人压力的词汇了。

我最近比较关心国际形势，非常在意海外的恐怖主义的情况。这关系到去国外出差的人的人身安全，所以我会很认真地阅读。每年在印度孟买、加尔各答举行的商务策划研讨会，我都会作为讲师出席。因为孟买发生过大型恐怖袭击事件，所以我不能对此掉以轻心。

此外，我认为比特币、区块链等虚拟货币革命在今后将对所有行业产生影响，对此也非常关心。然而与此相关的原创日语文章只有一小部分，远远不够，若想了解更多，只能阅读英语文章。

如此一来，浏览谷歌提醒推送的英语文章或无字幕的视频就成了每天早上的必修课。因为浏览的动机是渴望了解信息，所以这不是学习，而是一种娱乐。从结果来看，这反倒成了提高英语水平最好、最强的动力。

也就是说，我们是出于自己的兴趣爱好，出于对事物的好奇与渴望，才会积极地汲取信息。英语的世界里恰恰有取之不尽的内容，能够满足我们的渴望。

即使没有掌握法语、阿拉伯语、中文等语言，只要掌握了英语，就能接触大量信息，接触更为国际化的视角，从中你一定能找到许多喜欢或感兴趣的内容。

也许有人会说："不应该执着于英语。其他语言比如中文不是也可以吗?"但英语在商务上更为通用，既然要学语言，我还是更推荐英语，否则就无法接触世界最领先的信息，也无法与世界级的专家交流。

谷歌提醒是最合适的选择

若想全面掌握自己关心的内容，谷歌提醒是最合适的选择。

设置好关键词后，谷歌提醒会每天定时推送相关文章。只需提前输入喜欢的艺人、球队或运动员的英文名，或是其他感兴趣的关键词即可。

从创建提醒到设置关键词只需花费几秒钟。我自己设置的关键词有 50 个左右，如:

Bitcoin（比特币）

Blockchain（区块链）

Artificial Intelligence（人工智能）

Machine Learning（机器学习）

Deep Learning（深度学习）

Autonomous car（自动驾驶汽车）

Wearable（可穿戴技术）

我们需要做的一个步骤是，将语言设定为英语。然后就大功告成。每天早上谷歌提醒将推送相关的英语文章。

管理类的应用软件不止一个，但谷歌提醒能够忠实地对我们设定的关键词进行筛选并推送文章，不会掺杂其他多余的内容，

图2 每天早上推送相关文章的谷歌提醒

所以不会扰乱我们的注意力。

通过谷歌提醒功能，我们可以很方便地追踪喜欢或感兴趣的领域的最新内容。

养成阅读新闻和博客文章的习惯

刚开始阅读新闻和博客文章时，或许不会顺利。我建议大家不要放弃，哪怕只是浏览自己感兴趣的内容的标题。这类文章篇幅一般较短，难度与高中英语差不多。因为是自己感兴趣的领域，也不会"为了学习而学习"。

刚开始可以大致浏览，了解文章的长度，看看文章的标题，尽量试着阅读前几行内容。

下一步就是努力读完文章的三分之一。

英语文章大多先把结论放在开头，然后详细说明事件。因此读完文章的三分之一，就能大概明白文章要表达的内容。

不需要准备词典，只要对准光标，就会自动显示翻译。比如，如果使用的是谷歌浏览器，那么只要点击右上角的三条线，

提醒
搜索网上有趣的新消息

🔍 Cryptocurrency（加密货币）

频率	1 天 1 次以下	↕
来源	自动	↕
语言	英语	↕

图 3 "语言"部分设置为"英语"

选择"更多工具"，在"扩展功能"中选择"Weblio 英日词典翻译提示"即可。

话虽如此，但我不建议大家依赖这一功能。我甚至希望大家不要查词典，因为会拖慢阅读速度。遇到一篇长文可以先看一遍，尽量明白大致内容即可。

选中网页中的英语，即可看到其在英日词典中表示的含义。选中文章，即可跳转至网页翻译结果页面。这是 Weblio 官方推出的扩展功能。

遇到不懂的单词就跳过。一味纠结其意思，反而会错过重点。

查词典的诀窍并非将不懂的单词从头查到尾，在注意到某个词多次出现之后再看翻译提示即可。

或许纸质词典仍是主流，但现在没有必要使用，因为在网上都能查到。当然手机上也有电子词典，如何使用取决于个人习惯。阅读文章时，只需对准光标即可出现释义，我认为这就足够了。

阅读的关键在于尽量快速。大家可以回想一下自己在阅读母语文章时是怎么做的。应该是只读关键部分，大致浏览其他内容吧？这已足以掌握文章大意。

阅读日语是如此，在阅读英语文章时也要尽量采取同样的做法。市面上有很多关于速读训练的书，比如眼睛上下垂直阅读，阅读时减少视线停留次数等。我没有掌握这种技能，只是单纯从头开始读，渐渐提升速度。要想练就阅读母语一般的速读技能，无法跳过这一步。

英语文章的字号大多比较小，在习惯之前，可以先把字号调大阅读。如果你使用的是 Windows 系统，可以同时按住"Ctrl"和"+"键进行调整。想调小时可以按"Ctrl"和"-"键。

默读时不要在心里念出来

阅读英语文章时比较重要的一点是，默读时不要在心里念出来，而是将每个单词看作独立的个体。

比如 apple（苹果）这个词，看到的时候不要在心里念出来，而是将其直接记到大脑中。

这样做的原因是，在心里念出来会影响阅读速度。

日语也是如此。读得快的人是不会将每一个词都在心里念出来的。他们都是迅速看一眼，将内容直接记到脑子里，而不是转换成声音。这样做可以在提高阅读速度的同时，掌握文章大意。

阅读速度较慢的人，习惯在心里念出声。这样一来，阅读速度就永远无法提升。建议大家先用母语练习，阅读时不要在心里念出声。决定性的速度之差会伴随一生。当母语练习好了，再开始用英语练习。

在喜欢或者感兴趣的领域，抓住用母语演讲的机会

一般而言，很少有人认为阅读英语文章是至高无上的乐趣。

即使英语的阅读速度提升了，仍然想用母语阅读。在着急的时候，可以很自然地快速阅读母语。除非你有超强的毅力，否则即使是感兴趣的领域，也很难如饥似渴地阅读英语文章。

不过，有一个方法可以让你快速阅读英语文章，或者全神贯注地观看英语视频。

那就是在喜欢或感兴趣的领域，抓住用母语演讲的机会。这样一来，就不得不去浏览大量的英语文章和视频，以把能用到演讲中的内容全部记下。有了必须完成的任务，阅读速度和理解能力会比平时提升许多。经历一次就会很有成就感，最重要的是能树立自信心。

在达到能大致读懂英语文章的水平后，就大胆挑战演讲吧！多数人平时不会大量阅读英语文章并整理最新内容，所以无须担心你的演讲不受重视。这对自己也是一种磨炼，能够增强阅读英语的信心，甚至成为某一领域的专业人士。

我在"第二章 创造学习英语的必要性"中，提到要"抓住用英语演讲的机会"。而在此我要强调，从"锻炼阅读能力"的角度来看，用母语演讲大有益处。

问题是如何才能抓住这样的机会？

1.在自己喜欢或感兴趣的领域，选取几个关键词，多次搜索并阅读一半以上的母语文章。如果发现了质量很好的文章，尽量将往期内容和热门内容全部读一遍。在阅读过程中，如果发现更重要的关键词，就在网页上搜索关键词，尽量广泛阅读相关内容。这样一来，就基本阅读了所有与该领域相关的较为重要的文章。建议大家将浏览过的文章网页内容保存至桌面快捷方式，并在文件名中标明日期，整理到一个文件夹中。

2.搜索该领域的英语关键词，尽可能多地浏览相关文章。在谷歌提醒中设置多个关键词，每天浏览最新推送。

3.在一定程度上积累了母语文章中没有的英语内容后，参考这些资料开始写博客。建议字数在3000字左右，内容充实容易引人注目，而且写作负担较小。决定好标题和4~6个副标题，争取一次写完，这样内容衔接完整，能很快完成。用Word做好模板会更加便捷。

4.在相关领域写了20~30篇文章之后，就能养成有目的地阅读英语文章的习惯，成为该领域的专业人士，这样一来被邀请做演讲的机会就会增加。

我在此处说明的主要是关于博客的写作，有关英语博客的写作方法可以参考第二章。总而言之，我们接受演讲的目的就是迫使自己不得不大量阅读英语。写博客，是为我们带来演讲机会的最佳途径。

博客的内容可以是自己喜欢的艺人或运动员，或者当下比较热门的虚拟货币、金融科技、人工智能、数字健康、IoT、可穿戴技术、机器人、自动驾驶汽车、电动汽车、无人机、数字制造、共享经济、安全、新一代互联网、可替代能源等。

大多数人几乎不会特意搜索英语原文，大量阅读相关文章，或者观看海外会议视频并将这些内容进行总结。因此，坚持更新博客，几个月后会有很多人关注你。也许很多人觉得写博客、做演讲这些事跟自己无缘，但这是确实会发生的事。

如何提高口语能力

整理例句集

在刚刚就职于麦肯锡、英语还很差的时候，我试着整理了英语例句集。

例句包括在会议的开头、中途和结尾以及酒会上的自我介绍和闲聊等场景中可能用到的发言和寒暄。第一次听到这些发言的时候还不太明白，听得多了就会恍然大悟："原来是这样用的。"

只要稍加注意就会发现，英语母语者的说法基本是固定的。虽然在细节表达上有不同之处，但作为一个外国人，记住一种就够用了，所以我逐一积累例句，整理了例句集。

在积累到一定程度之后，试着反复出声朗读。这样一来渐渐就能说出口了。

刚开始可能会觉得有些刻意，但这不过是自己的感觉，对方不会在意，顶多会想"不懂英语的日本人居然开始跟我说话了"。同一例句使用五六次之后自然就熟悉了，之后无非是继续使用。

直接引用例句集中的内容

在会议和酒会上，想用英语即兴发言比较困难。使用从未用过的词句或表达不熟悉的概念，即使用日语表达难度也很大，更别说英语了。

因此，对于我们这些非母语的学习者来说，要根据具体情况选择例句，并且要举一反三。

其实我们学习母语的过程也是这样，不断模仿父母、朋友和学校老师说话，渐渐就习惯了。毕业后踏入社会，前辈和上司会这样告诫你："在公司说话可不能带有学生气哦。"

职场新人都是在反复使用学习到的商务用语和商务寒暄的过程中，渐渐习惯并且自然而然地表达。我认为英语也是如此。我们并非母语使用者，所以在不同情景中只要会套用一种句式就没问题。

例如：

希望对方重复的时候：Could you explain it one more time?[①]

表达意见的时候：Let me explain my opinion on...[②]

稍微有些意见分歧的时候：I like Tom's idea, and if I may, I'd like to add a little more ...[③]

总结发言的时候：Let me summarize today's discussion. I think...[④]

---

① 意为能请你再重复一遍刚刚的内容吗？
② 意为我的意见是……
③ 意为我很欣赏汤姆的意见，如果可以的话，我想补充一点……
④ 意为我来总结一下今天的讨论。我认为……

重复使用一种句式，与同一小组的人多开几次会之后，就会习惯这一句式，有了基础之后可以稍微变换一下说法。在此之前坚持使用一种说法即可，没有人会觉得有问题。

即使有人在意，也是那些自己明明不会说英语，还对同胞的英语发音和文章吹毛求疵的日本人。

英语语调和节奏

日本人说英语的时候，发音不重要，但有一点比较重要，就是英语发音的轻重，也就是语调和节奏。"日语基本是平调，很少有高低起伏。"

将上面这句话的语调表现出来，大体如下，没有强弱重音：

にほんごはほぼへいたんで、きょうじゃくがあまりない[①]

但英语不同，如：
Tokyo is an international city.[②]

如果标注这句话的语调，大体如下：

Tokyo is an inter**na**tional **ci**ty.

如果弄错了语调，别人也许会听不懂。

---

① 意为日语的发音较为平缓，少有高低起伏。
② 意为东京是一个国际大都市。

在近期比较热门的虚拟货币领域中，有 Ethereum（以太坊）一词，用日语来说就是"イーサリウム"，语调是平缓的。而英语的语调是：

Ethereum

语调在第二个音节上升了。

要想正确掌握英语的语调，就需要在看视频时注意听里面的发音，渐渐就能感觉到其与日语的不同。

此外在英语中，各词的间隔时长，即节奏也与日语有显著不同。熟练掌握英语的节奏，能让自己的表达更加清晰明了。

与语调相同，想要掌握英语的正确节奏，就需要熟悉自然的英语，建议大家多做影子练习。

发音时至少需要注意的事项

很多日本人都比较在意英语发音的问题，我也如此。去年我购买了一本叫《教你掌握正确的英语发音》的书，结果一直闲置在打印机上。

其实发音根本不是问题。不论是新加坡人或印度人，发音都带有口音，但他们还是会大胆发言，也能让人听懂。甚至还出现了 Singlish 和 Inglish 这种新造词，意思是"新加坡式英语""印式英语"，他们的英语被本土化，有着独特的说法和发音习惯，在国际上也通用。

日本人不擅长 L 和 R 的发音，其实在发 L 时，只要注意最后让舌尖抵住上齿龈根部，在发 R 时，注意舌尖向后卷起，就没什么大问题。

其实英语只是一种符号，只要最后能把信息传达给对方即可。总而言之，发音时至少需要注意不要因过于纠结发音而导致不愿开口说话。

是否需要与母语使用者交流

想要提升说英语的自信，最有效的大概是直接与母语使用者交流。但这种交流难度较大，因为对方会不自觉地加快语速。他们完全不会在意是否有人因为自己说话太快而跟不上。

其实习惯之后就会发现，他们说的话也不是每一句都有听的价值，如果我们态度坚决一些，他们也会认真倾听。但多数人还是出于胆怯难以做到。

我认为在习惯英语之前，不需要强迫自己与母语使用者交流，否则容易失去信心。在英语学习中，最重要的就是有信心，没必要冒着失去信心的危险与母语使用者交流。

不必急于一时。

要跟外国人，尤其是亚洲人聊得来

与英语母语者交流需要多加注意，相比之下，法国人、西班牙人、意大利人等母语非英语的欧美人，他们的英语要容易理解得多，与他们的交流门槛更低。或许因为英语并非母语，在多数情况下，他们的英语不仅流利，也更容易听懂。

同样，如果是跟亚洲人，比如韩国、中国、印度尼西亚、新加坡、泰国、马来西亚等国的人交流，就不需要过于胆怯。至少我是如此。大家的英语各有特点，我也毫不避讳地说着我的日式英语。或许是同为亚洲人的地缘关系，又或者同样对欧美人抱有些许复杂的感情，大家很能聊得来。

以我自身来说，自留学和就职于麦肯锡以来，我见过许多欧美人和亚洲人，但还是亚洲人给我的感觉更为安心。在斯坦福大学留学的 2 年时间里，我最好的朋友是一位伊朗人，我们经常一起在图书馆学习到深夜。第二要好的朋友是一位黎巴嫩裔美国人，比较要好的朋友是韩国人，最后才是地道的美国人。不过最后这位美国人似乎有些交流障碍，不太受其他美国人欢迎。

虽然我没有刻意限制交友群，但总觉得跟亚洲人更亲近。或许是因为自己的英语水平有限，又或许不擅长与美国人打交道，也可能是因为不习惯美国人待人接物的方式，总之还是与亚洲人之间的交往更亲近、自然。

我是比较随和的人，连我都有这种感觉，所以我想大多数人也是如此。建议大家根据个人情况，找到相处起来轻松自然的人，帮助你熟悉英语对话。

在会议上大胆发言

对日本人来说，在英语会议上最重要的一点是大胆发言。可以参照在母语会议中发言的恰当时机，在英语会议中积极发言。

一般来说，我们在母语会议中，即使想法还未完全理清，也会大胆发言。虽然没有百分百地确信自己的想法，但只要自己认为很重要，就会积极发言。

在英语会议中也应该如此，不过由于无法理解言语间的微妙差异，或是害怕说英语，我们经常在本该发言的时候保持沉默。

这样一来，发言权很快就轮到别人，导致我们错过发表意见的机会。听完新一轮发言，想发表一些想法的时候，又被别人抢先了。

于是，含蓄的日本人几乎没有发言的机会。明明没有人禁止你发言，只是稍加犹豫，就与机会擦肩而过了。

有时候，在日语会议上长篇大论的人，一到英语会议上却突然缄默不语。在英语环境中，沉默绝不会被当成沉稳，别人只会觉得你没有任何意见，所以我建议大家踊跃发言。

英语说得不好不会被嘲笑，反而是一言不发的人会给人留下不好的印象。"日本人一句话也不说，真是奇怪。"

在英语会议中，多数情况下只有日本人沉默不语，独自坐在角落。因为听不懂，其他人一起大笑的时候，也只能附和着笑（在笑这件事上，其实我也差不多）。

日本制造、和食的魅力、日本人的礼貌与随和等，这些都被世界高度认可，所以请尽管大胆发言，很多人都希望听到我们的意见。

发言时声音要大，语速要慢，别人会默默聆听

在英语会议中，即使日本人开始用英语发言，也会因为缺乏自信或是有些胆怯，而导致在大多数情况下声音很小的状况出现。

这种情况很容易导致别人忽视你，难得的发言也只能尴尬收场，实在可惜。我建议大家大声地，用譬如以下开场白发言：

I like Tom's idea, and if I may, I'd like to add, I think we should start...①

这样一来，别人一定会侧耳倾听。所有人都会注视着你，默默聆听，甚至有些不好意思。总而言之，还是要大声发言，吸引别人的注意。

在英语的世界里不需要客气。要记住，"任何人可以随时说任何自己想说的事""日本人的谦让美德是行不通的"。发言时声音要大，语速要慢，大家会仔细地听，不带任何敌对与嘲讽的情绪。

插话

在英语会议中，母语使用者经常口若悬河，只有当第二个人插话打断，才肯让出发言权。

如果以日本人的礼仪行事，耐心等待对方说完，恐怕发言会没完没了，因为别人会抢先插话。

如果是在日本的公司会议中插话，恐怕别人不会给你好脸色，弄不好还会给你贴个"狂妄"的标签。

但在英语会议中，尤其是各国人聚在一起开会的情况下，如果不插话就很难有发言的机会。保持沉默只会让别人觉得："这个人是来干什么的？没什么想法吗？怎么回事？"所以要学会插话，争取发言权。英语不流利反而刚刚好。

在大家习惯之前，你或许会因插话感到不安，但无须在意。插话总比沉默好，在试探之中找到最佳时机，大胆发言即可。

---

① 意为我很欣赏汤姆的意见，如果可以，我想补充一下。我认为我们应该开始……

这与开车时变道是同样的道理。犹豫不决只会让后方车辆不断抢先，所以要找准时机，毫不犹豫地踩下油门变更车道。

再以滑雪来举例，就是从陡坡上稍微探出身，改变行进路线。

只要下定决心，没有做不到的事情。若迟迟踏不出这一步，那么直到滑雪场的终点都只能一直做斜滑降。

在对方话音刚落，或者即将说完之时发言

插话的最佳时机就在对方话音刚落，或是即将说完之时。

除此之外很难找到机会，因为肯定有其他人会在中途打断。如果插话者很强势，正在发言的人便不得不做出让步。

这时就不必察言观色，而应勇往直前。"察言观色"在日本文化中很普遍，但不适用于国际环境。更直接的交流和表达才能赢得别人的好评。反过来说，不发言的人等同于不存在，甚至不如不存在。

需要注意的是，要在对方马上结束发言时找准时机，大胆插话，才不至于失了礼节。关于合适的时机，可以在亲自尝试几次后，从大家的反应来判断。

习惯之后就有了辨别能力。如果发言者缺乏自信，我们可以稍微"手下留情"，如果对方并不在意，就没必要顾虑太多。

在商务会议中灵活使用白板

引导英语商务会议的有力武器就是白板。白板在会议中是有效工具，但大多数人用得不好。

我建议大家先在会议中熟悉如何使用白板，然后尝试在英语会议中灵活运用。这种循序渐进的做法更为现实。

在这里，我想先介绍白板在会议中的用法。我从自己主持、建导①的许多会议中总结出了方法，都是比较独特的尝试，在某种意义上能扭转局势，相信能够成为强有力的武器。在《零秒工作》中有更加详细的说明，内容主要有以下4点。

1. 由会议主持人书写白板。

会议主持人通过引导会议讨论、书写白板并现场确认，可以营造出会议的整体感。这一点非常重要。

有许多企业会让新人或年轻人代写，但他们几乎不会反复确认发言内容或发现其中不明确及矛盾的地方，也不会按照流程进行修改，因此建议直接由会议主持人书写。

我参与进行经营支援的某企业是由董事、部长担任会议主持，我建议他们在推进会议进程时，亲自使用白板梳理课题、制定对策并征求与会者的意见。这样能够更好地运用参加者的真知灼见，提高会议后的行动力。

刚开始的时候，会议主持人会感到紧张，其实交给下属做反而更难，最快的方式是由地位最高的人亲自上阵。

2. 充分利用白板的版面，梳理会议内容。

在白板的左侧写下当前面临的问题，右侧按照发言顺序写下解决方案。将流程清晰地记录下来有助于提升会议效率。

1小时左右的会议可以使用1.8米宽的白板。写到反面可能

---

① 建导（Facilitation）是指在会议中营造他人积极参与的活跃氛围，从而达到预期效果的过程。

会看不到前面的记录，所以尽量只使用一个版面。

虽然也有 1.2 米宽的白板，但若分成左右两栏书写会比较拥挤，空间只够粗略记载，因此我建议使用 1.8 米宽的白板，价格在 1 万日元多一点。

3. 将听到的发言内容原原本本地记录下来。

使用白板书写时，不要等别人全部说完才开始记，要边听边记。以延迟几秒钟的速度，尽量将听到的发言内容原原本本地记录下来。记得将口语转换为书面语。

发言者看到自己的发言内容被整齐地记录下来，会顿感满足舒心。这样做还可以防止发言冗长拖拉，利于当场解决问题。

如果全部听完再简略概括，反而更难。全部记在脑中再写，难度本身就很大，由于无法记录发言者的要点和措辞，结果内容粗糙，事后不得不重新书写，降低了会议的效率。因此我建议，以延迟几秒钟的速度，将发言人的发言内容原原本本地记录下来。

4. 将意见相左的 A 方案和 B 方案列在一起，梳理异同。

会议上意见不一很正常，但极少有建设性意见，经常会出现无意义的争吵。这种感情用事的做法只会让局面变得更糟糕。

使用白板可以有效防止类似情况。当意见相左、讨论陷入僵局的时候，主持人应马上在白板上整理出表格，在左右两边分别写上 A 方案和 B 方案，列举出各自的论点。多数情况下，大家会意外地发现，两种方案的相同点很多，不同点只有一小部分。当出现感情用事的情况时，只要把双方的发言整理成表格做对比，异同便一目了然。

通过这样的方法，能够大大提高会议效率，帮助参加者理清头绪，求同存异，得出必要的结论。

以上就是在会议中使用白板的方法。我参加过许多企业的会议，但很少有企业使用白板，即便使用也只是潦草应付，对参加者而言没有任何帮助。

使用前文提到的方法，可以将会议流程清晰地整理在白板上，推动会议顺利进行，通过意见整合得出会议结论。相比传统的会议形式，这种方法能够大大提高会议效率。

熟悉了白板在日语会议中的使用，接下来就可以运用到英语会议中了。相较于其他国家，日本人的书写比较干净整洁，因此书写白板时很容易理解。

会议结束后，可以拍摄白板的照片作为会议记录。

即使无法流利地用英语交流，在习惯了英语会议之后，也能够熟悉会议的流程和要点。通过积极使用白板弥补英语表达的不畅，届时就能熟练地主持会议。

虽然英语不流利，但只要将会议目的、讨论主题、问题整理、对策制定、流程以及职责分担等整齐地写在白板上，就一定能够说服大家。英语流利与否、能否完成工作、优先顺序是否明确以及是否有领导能力等完全不成问题。

很多人并不清楚如何使用白板，因此在多数情况下，这种做法能够赢得他人的敬佩。

说不定会有人夸赞你：

You're really organized. I am surprised. （你的组织能力太强了，我很佩服。）

在英语会议中，不论是哪个国家的人，英语越是流利越容易自说自话，忘记会议本身应该讨论的事项。

因此，我真的很想抱怨一句"长话短说""这里可不是演讲之地"。我希望大家明白，不要因为看到他人能够用英语流畅地发表意见，自己就变得胆怯，他们其实是纸老虎，一旦被戳破就没气势了。即便他们滔滔不绝，你也不要在意，言简意赅地指出问题即可。

我一再强调，对于商务人士来说，没必要在意英语发音，哪怕是"日式英语"也无所谓。重要的是梳理业务上的基本信息，比如这场会议的目的、有哪些前提条件或边界条件、有哪些选项以及评价标准，等等。

需要在意的不是英语是否流利，而是能否以商务人士的身份有目的地主持会议。

英语谈判要制订好作战计划

在一定程度上熟悉了英语会议之后，还需要在每场谈判中做好万全准备。

不仅限于英语，在谈判中，也需要就以下几点跟上司或者企业领导达成共识，提前在谈判团队中调整。

1. 己方的主张（配合对方的主张，准备两三个方案）；
2. 希望对方承担的事项；
3. 谈判双方都满意的条件；
4. 谈判的底线。

当然，相关措辞要在母语者的指导下，提前翻译成英语。可以将其整理到谈判用语的例句集中。

大多数谈判都是以成功为目的，寻找双方都满意的条件，最终达成一致。因此首先要聆听对方的主张。由于很容易因听错导致误解，所以要边听边记录，甚至可以跟对方确认记录是否正确。

如果谈判进程在己方的掌握之中，那么按照原计划进行即可。由多人合作，逐一确认谈判内容是否有误。提前分配好任务和人选，比如一名领导和两名助手，这样能够减轻精神压力。

其中一名助手负责从对方的角度复核会议内容。通过改变视角，能够发现原本注意不到的地方。另一名助手负责考虑会议中可能出现的最坏情况，做到未雨绸缪。

两名助手如果注意到不对劲的地方，应立刻写在纸上向领导反馈。若情况有些不妙，可以立即请求暂停会议，以便己方成员临时召开作战会议，不需要有多余的顾虑。

如果会议中发生了预料之外的事情，要立即进入紧急状态。

第一，切忌慌张，请求暂停会议，召集组员到其他房间召开讨论会，修改方案。最好不要和旁边的同伴使眼色或试图在纸上交流。这可能会给对方可乘之机，加强攻势。这样便无法深入讨论，很难扳回局面，因此要毫不犹豫地请求暂停会议。

第二，保持冷静，再次确认前提条件是否正确，或是否出于某种原因导致条件不成立、边界条件发生改变等。张皇失措解决不了问题，要争取时间重新制定方案。让对方稍等片刻不会出现大问题，如果对方动摇了，反而对我们有利。

第三，如果有必要，立即与日方人员用电话或 Skype 商议。Skype 是免费的，在会议开始前，可以先在其他房间接通 Skype，这样有助于我们更加安心、沉着地进行谈判。

当然也可以在现场打开电脑，接通 Skype，但最好还是提前接通，精神上可以少些压力。越是在这种时候，越有可能出现 Skype 无法接通，或者接通后因噪声太大而无法与日方沟通的情况。

不仅是 Skype，最好提前确认一下 LINE 和手机的信号是否连接正常。确保后援路线的准备万无一失，这是应对突发情况的常识。

在商务谈判中，双方的位置多是针锋相对的，若想促成这场谈判，需要在桌子的类型和座次安排上下功夫。

尽量选择圆桌，双方的高层相对而坐。可以的话，在一旁放上白板，将问题及协议事项按照前文所述的方式记录下来。注意一定要由己方书写白板，这样既可以掌控谈判进程，也不会让对方感到拘束，整体上能够顺利推进谈判。

有时我们千里迢迢地出差，只为促成一次谈判。在气氛良好、只需在几点问题上达成共识的情况下，可以一边讨论，一边在 Word 文档中记录并投影至大屏幕。

只是这样一来，会不方便使用白板，作为领导难以掌控谈判进程，甚至出现因对方字斟句酌，导致会议拖延的情况。因此在英语谈判中，建议使用白板记录协议的概要。

当双方的协议基本达成，只需对细枝末节调整时，可以用 Word 整理出最终版本，投影到大屏幕上逐一确认。

为顺利推进谈判，要充分考虑以下几点，在深思熟虑后决定行动方案。

1. 己方无法用英语流利表达的事项；

2. 若对方有恶意，可能会用英语蒙混的事项；

3. 日本人容易纠结的、该说和不该说的事项。

其实完全不需要考虑"如何应对英语谈判"这样的问题，只需将焦点放在如何在国际环境中不怯场，如何在艰难的谈判中获得胜利即可。

演讲只需写好稿子，放慢语速读出来即可

随着用英语交际的机会增多，会有被委托进行演讲的机会。比如新职员的介绍、日本客户的介绍或者新项目的说明等。此处所谓的演讲，是指不使用 PowerPoint 和 Keynote，口头发表5~10 分钟的讲话。

能获得这样的机会，说明我们在工作上获得了他人的信赖，披荆斩棘的能力得到了认可，是一件值得高兴的事。

如果因为对英语没有信心而拒绝演讲，实在太过可惜。即使是第一次用英语演讲，也不必过于担心。只要准备好演讲稿，读出来即可。如果有这样的委托，希望大家立即接受，我保证没有问题。（为了担责，如果身边的英语母语者或有同等水平的朋友无法帮你检查英语演讲稿，可以写邮件发送到 akaba@b-t-parters.com，我将给予反馈。）

用英语演讲带给我们的自信将超乎想象。首次尝试时，即使有些许不流利也没关系，之后会有很大的进步。建议大家一定要接受委托，把握演讲的机会。

演讲稿不是必须用英语写，可以先用日语写草稿，然后翻译

成英语。当然，如果能力允许，直接用英语写可以更好地锻炼英语能力。

一般而言，需要修改的地方总是固定的几处，经历几次之后就能掌握技巧。容易出错的地方基本上是加 the 还是 a、单复数、主动及被动语态、现在时还是现在完成时、是否要用 will 以及是否疑问句等。

演讲稿写好之后，要开始大声反复练习。可以请母语者读一遍并录音，然后边听边模仿其语调和声调。因为日语几乎没有语调和声调，所以要加强练习。

熟练之后，在正式演讲时照着演讲稿朗读即可。全文背诵可能会给自己增加不必要的压力，因此无须勉强。很多情况下，政治家也会使用提词器，只有自己能看到演讲稿。

当然，对于大多数英语不熟练的商务人士来说，请英语母语者修改演讲稿并全文背诵，本身就是一种学习。反复使用同一表达，英语表达的储备就会越积越多。不过，即使能够全文背诵，我还是建议在正式演讲时手持原稿朗读。一方面我们可以心安，另一方面演讲会更加流畅。

演讲中的问题是如何回答听众的提问。如果没听清问题，可以直接向对方确认。我大概在三成的演讲中都会向对方确认。在实施了 6 年的印度项目企划研讨会中，因为印度英语比较难听懂，我总是毫不犹豫地向对方确认。

如果是一知半解，或是不懂装懂，那么回答就会答非所问，以致自掘坟墓。建议大家一定要确认好问题。如果你给出的答案答非所问，对方自然不理解，进而追问。这样一来，你的回答会偏离得越来越远，一发不可收拾。为了避免这种情况，需要舍弃不必要的羞耻心，确认好问题的内容。

提问者一般会换一种方式提问，或是在难以理解的地方举例说明，使我们理解其想法。其实有很多提问本来就让人捉摸不透，这不单是因为问题的主旨不明确，还因为有一些人想借提问之名阐述自己的意见。因此，大胆地向对方确认即可。

这样做不仅没有问题，还能给人留下细心周到的印象，让在场所有人都能理解提问内容，建议大家有意识地采取这种做法。

为了培养应对各种问题的胆识与技能，可以事先预测 20~30 个问题并准备好答案。这也适用于母语演讲。

提前整理问题和答案有很多益处，比如能够从整体上把握自己的演讲内容，明确要点。很多时候，演讲内容过多会导致我们无法抓住重点。通过提前准备问题和答案，能够帮助我们理清思绪，使演讲内容更加简洁明了。即便是经常演讲的人，也容易加入过多内容或感情用事，这一方法可以防患于未然。

此外还可以帮助我们从客观的角度审视演讲内容。即便是经常演讲的人，也很难做到从客观的角度准备演讲。通过整理听众有可能会提出的问题，可以使演讲更具客观性。

通过准备合适的答案，能够增强我们的信心，变得更加从容。不是身经百战的人，很难经得起连续不断的问题轰炸。这种情况可能会意外地发生在自己身上，令我们难以控制。通过整理答案，可以减少意外的发生，让我们的演讲更加从容不迫，增强说服力。如此一来便能让听众加深理解，衍生出更优质的问题，形成良性循环。

如果是用英语提问，很多时候我们可能没有听懂问题，或者不知道如何用英语表达我们的观点，因此未雨绸缪的做法很有效。在英语演讲中提前整理问题和答案的益处，甚至比母语演讲还要多。

被提问的时候有一点需要注意，即不要急于回答，先在手边的纸上写下问题的内容，然后大致写出三四个回答要点，英语或者日语都可以。即便是英语演讲，也可以用日语来写。因为一看到日语中的汉字便能知道自己该说的要点。对大多数日本人来说，很难通过英语暗示自己。

这种做法被称为"发言预测笔记"，我在《零秒工作》一书中进行了详细介绍。未雨绸缪能够帮助我们在任何时候都做到坦然应对。

如何提高写作能力

整理发邮件时用到的例句

职场新人面临的最大挑战就是"商务用语"。在给其他部门的同事或者客户发邮件时，如果不使用商务用语，多数时候会被训斥。明明没有偷工减料，也付出了比常人更多的努力，却还是无法通过前辈和领导那一关。

不同于学生之间在社交网站发送的消息、邮件，商务用语中有某种规则。虽然不是很好懂，也只能现学现卖。

一般来说，我们都是在被批评"没有常识"，内容被修改无数次，经过几个月之后，才渐渐写出像样的邮件。

会英语的新职员尚且如此，普通的日本人想用英语写一封商务邮件要难得多，几乎没人能做到在构思之后落笔成文。在商务场合如何将想法传递给对方？这是知识储备的问题，不是靠凭空想象能解决的。因此，最直接的办法是模仿别人。

我入职麦肯锡后，第一次写英语邮件时完全写不出来。虽然我在小松制作所工作了 8 年，其中有 2 年的留学经历，但因为是理科，几乎不需要写邮件。留学时的硕士论文也只是罗列算式，进行计算机模拟，英语文章不过是勉强拼凑而成。

麦肯锡的办公地点遍及世界各地，邮件几乎全是英语，因此我每天都会面对英语邮件。我将它们中的大部分打印出来，整理成英语例句集。每当需要写英语邮件的时候，我会直接摘抄其中的例句。

可照搬照抄内容好的邮件

在英语环境中工作久了，积累的例句也会越来越多。我的英语例句文件夹已经有几十页。看到可以用的句子，我会直接照搬照抄。英语学习书上经常会看到"英借文而非英译文"的说法，指的就是如此。

太过纠结只会浪费时间，最好当机立断，直接摘抄原文。

对于母语非英语的商务人士来说，实在难以理解英语文章的脉络。常言道，"熟能生巧"，增加阅读量或许是个办法，但对于想立即使用英语的人来说，照搬照抄别人的文章不失为一种捷径。

能用英语交流是一件很令人高兴的事，这是发自内心的喜悦。虽然自己的英语不够完美，但只要能够互相交流，做一件以前从未做过的事，就能感受到无比的喜悦，激发我们想要继续提高英语能力以及用英语交流的积极性。

如此一来，英语能力自然会得到提升，写英语邮件时也不再感到烦恼。为了形成这一良性循环，建议大家马上行动起来。

需要找人修改你的作文

麦肯锡的英语编辑（主要负责修改英语文案）会毫不留情地指出我的英语文案中存在的错误，我也因此渐渐熟悉了英语邮件的写作。这是外资企业独有的文化。不过我认为，日本企业既然也在认真考虑走向国际化，那么也应该设置一个英语编辑的职位。负责人不需要身在日本，若希望对方在深夜和清早都能对接工作，只要在北美和欧洲各招一人即可。

可以利用海外最大的众包服务平台 Upwork[①] 寻找英语编辑。根据个人能力的高低，期望时薪会有所差别，如果只是将日本商务人士蹩脚的英语修改通顺，应该可以找到期望时薪较低且工作认真又高效的人。不过这个过程本身就需要用英语交流，如果感到有困难，也可以利用 CrowdWorks、Lancers 等日本的众包服务平台。

最方便的途径是从公司职员的家人或熟人中寻找熟悉商务英语的人，请对方在家里抽时间修改即可。总之，建议大家选择成本较低的方法。

虽然网上有比较便宜的翻译服务，但对于学习商务英语来说没有必要。作为普通商务人士，只需写出通顺的英语邮件即可，我还是建议通过找人修改，提升自己的写作水平。

这么做的理由是，经过努力写作的过程，能够锻炼自己用英

① 全球综合类人力服务平台。

语在社交网站发布消息或者写博客、做演讲的能力。而如果使用翻译服务，将很难使自己的能力得到提升。从某种意义上说，翻译服务就像麻药，过于依赖它会丧失自立能力。

如果你的公司需要走向国际化，你可以与人事部门沟通，设立一个英语编辑的职位，或者在公司内招募"将英语坚持到底"学习会的同伴，也许后者更快一些。有很多企业虽然打着国际化的旗号，但在这方面很懈怠，需要我们主动创造一个能修改英语邮件的环境。有了帮我们修改英语邮件的人，我们也能安心写邮件。

由于是工作上的邮件，所以需要与被委托人签订保密协议。从我的经验来看，如果由人事部门操作，他们极有可能直接联系外部翻译公司，购买高价的修改服务。所以我们需要三番五次地向他们说明："只是将蹩脚的英语修改成语句通顺的商务英语，请一个具备商务知识的英语母语人士就可以。"

如果实在无法找到能够帮我们修改邮件的人，那就请会英语的前辈帮忙检查。即使是非母语人士，也能删减英语邮件中的错误。从这个角度来讲，无论是谁都可以。人犯的错误很容易被理解，大家周围应该也有会写英语邮件的人。有些成绩优异的日本人即使不会用英语对话，只要有充足的时间，用英语写作也是没问题的。

被委托的人不会觉得不高兴，至少能帮我们检查两三次。如果我们态度认真、进步快，对方说不定会多关照我们一阵。

或许有很多朋友认为英语太难，完全不会使用，所以放弃了。大家可以反思一下，你是否在"强制自己写尽量多的英语邮件""充分利用英语例句""找到帮忙修改英语的人"这些方面做出了努力？

你是否在中途放弃了？是否因在尝试过程中对效果产生疑问而放弃了？希望大家趁此机会重新安排学习。

这些努力能够开启良性循环，使我们不断成长，实现较大的进步。

如何准备演示材料

当对英语邮件掌握到一定程度，就有机会用 PowerPoint 或 Keynote 进行演示。只要准备充分，就能完美收场，而且能增强自信心，所以我建议大家一定要把握这个机会。其中有一点需要注意。

在史蒂夫·乔布斯的著名演讲中，演示的画面上大多只有一些大字号的关键词和示意图。

这对母语者来说不成问题，但对我们来说，记住大量内容非常困难，也无法做到用流利的英语讲述内容丰富的见解，因此是非常不利的。

我们在做演示的时候，可以将字号调小，增加信息量，列出重点，这样会轻松不少。当然，还是需要请人修改英语。

第六章

使用 A4 纸做笔记，
进一步提升英语水平

将《零秒思考》中提到的"A4笔记法"运用到英语学习中，一天写5页英语笔记

前文多次提到，要将A4笔记法运用到英语学习中。此方法切实有效，在此我想再次说明。

我在《零秒思考》等多部著作中介绍过A4笔记法。

我认为，人生来聪慧。这个世界上的确有擅长象棋、围棋的专业人士以及理论物理学家、数学家等不同于普通人的人。但他们是特例，普通人本来就十分聪颖。

只是再聪明的头脑，有时候也会因为烦恼、执念或习惯等原因而无法发挥出全部实力。有在意或烦恼的事，会导致大脑无法集中精力思考。我想任何人都有类似的经历。

在此，我强烈推荐使用"A4笔记法"。

自从入职麦肯锡之后，我一直坚持使用A4纸做笔记，烦

恼、执念、不安，以及焦躁也得以消除，从而发挥出大脑原本的聪颖。

"A4笔记法"很简单。将A4纸铺开，横向书写。在左上角写下标题，右上角标注日期，正文写4~6行，每行二三十字左右，要在1分钟内写完1页。从早晨起床到晚上睡前，每天写10~20页，只需用10~20分钟，头脑便会非常清醒，而且会越来越聪明。

关于A4笔记的写法，我已经在演讲和研讨会上教过上千人。我让他们在现场实践，效果立竿见影。我可以以自身的经验保证，此方法切实有效。

关于A4笔记的详细说明，请参考《零秒思考》。运用"A4笔记法"，能够让英语能力显著提升。

方法就是用英语将自己想到的东西记下来，在一半A4纸上每天写5~10页。

如图4所示，是用a还是the？是单数还是复数？是否疑问句？这都不重要，重要的是写。

写法上可以参照《零秒思考》中的A4笔记法，在左上角写标题，右上角写日期，每张纸写4~6行。可以自行决定句子的长度，如果非要定一个目标，大概10个单词就可以了。

此方法之所以有效，是因为每天写5页，1个月就相当于写150次英语文章或短文，再怎么说也能熟悉英语写作了。

英语邮件或投稿等，用电脑盲打可以很快搞定，但我还是建议使用A4纸做英语笔记，可以随时随地将想法写下来。无论是画图，还是将笔记分类整理，都能够即时完成。电脑需要排版，一张张打印，也不是随处可用，因此我推荐使用A4纸。

Why do I want to learn English?   2016-3-31

- I want to work in a global company.
- I want to communicate with foreign people.
- I like travelling.
- I want to learn more about Bitcoin.

图 4 写英语笔记，内容无所谓，关键是要写

用英语收集好信息之后，按照主题分类整理到 A4 笔记

在浏览自己喜欢或感兴趣的英语文章和视频时，如果有喜欢或印象深刻的语言表达、想深入了解的内容，可以记到 A4 笔记上。

此外，可以将读过的文章标题记到笔记上，顺便摘抄几行文章内容。

3 个月之后，你会发现笔记的内容已经积累到一定数量，而且你对自己喜欢的领域有了更加深入的了解，整个人充满自信。感慨于自己付出的努力，这种积极心态对于坚持学习英语非常重要，能够激励我们做更多尝试。

随手写下看笔记时产生的想法，不必在意语法问题

看自己积累的笔记时，或许会产生一些想法，或者想了解更多，此时请将它们随手记在笔记上，不必在意语法问题。在手写的过程中，不仅能够记忆相关领域的用语，也能让写作变得越来越得心应手。

如此一来，大脑在接收英语文章和视频信息时会越来越顺畅，学习的过程也会越来越有趣。我们渐渐能够切实感受到会英语的益处。

总而言之，要在阅读喜欢或感兴趣的英语文章的过程中，将自己的感想统统记下来，增加使用英语的时间。

不必在意语法问题。因为在初中、高中阶段已经学习了很多英语语法知识，这足够我们应用。只要接触英语的时间增多，自然就能掌握。反之，如果不去接触，时间一久，英语这个工具只会"生锈"。

舍弃"必须说好英语"的心理枷锁，和伙伴一起在笔记上记录想法

我在第一章提到，需要舍弃"必须说好英语"的心理枷锁，也提到一个非常有效的方法——使用 A4 笔记。

这里说的是进阶版的用法，如图 5 所示，将 3 页 A4 纸分别分成 4 个版块，在短时间内书写。

此时需要与几位伙伴一起写，然后相互说明。至少需要 4 个人，最多可以几十人一起写。我在第四章介绍过"将英语坚持

```
英语说得不好的经历（                                            ）
1. 明明有机会说英语，但却错过    2. 为什么没说？
   了，当时是什么情况？             —
   —                              —
   —                              —
   —                              —
   —                              —
   —

3. 有难以启齿的事情吗？          4. 因为不会说英语，后来怎样了？
   —                              —
   —                              —
   —                              —
   —                              —
   —                              —
```

图 5　舍弃"必须说好英语"的心理枷锁第一轮

到底"学习会的地区分科会，在此建议和各地分科会的伙伴一起写。

　　具体的做法是，从"英语说得不好的经历""英语说得好的经历""为了说好英语，今后需要付出的努力"这几个角度，在 3 张纸上各列举 4 个问题。

　　1. 第一页花 3 分钟书写，花 2 分钟向旁边的人解释说明；

　　2. 第二页花 3 分钟书写，花 2 分钟向第二个人解释说明；

　　3. 第三页花 3 分钟书写，花 2 分钟向第三个人解释说明；

　　4. 最后，花 2 分钟把从自己和他人的说明中注意到的事项写到纸上。

虽然只是花费短短的 17 分钟，但收获会很大。

从与其他 3 人的交流中，能够了解到别人经历了怎样的失败或不擅长哪些方面，同时也能看到，原来不只自己有这样的失败经历和不擅长的事情。俗话说"当局者迷，旁观者清"，在这一过程中，你能注意到别人纠结的微不足道的事情。

另外，你会发现有比自己更加没有自信的人。你将因此意外地收获自信心，认识到自己并非一无是处。

通过交流，你能看到其他 3 人的差异和共同点，以新的视角更加客观地看待以前独自烦恼的事情。

我曾多次将这种想法笔记应用在研讨会及大企业的工作交流会上，主题有"当机立断、立即执行""形成良性循环"等，结果大获好评。这种方法同样适用于缓解面对英语时的心理压力。

舍弃"必须说好英语"的心理枷锁第一轮如图 5 所示，可以在括号内简单写下具体事例。然后围绕以下几个问题，各写 4~6 行内容。

1.明明有机会说英语，但却错过了，当时是什么情况？

2.为什么没说？

3.有难以启齿的事情吗？

4.因为不会说英语，后来怎样了？

为了能在 3 分钟内写完，要直接写出脑海中首先浮现的东西，避免深思熟虑，这就是《零秒思考》中的 A4 笔记法。

花 3 分钟写完之后，再用 2 分钟时间向旁边的人解释说明。在有限的时间里，你们只需相互讲一下"发生了什么""当时怎么想""纸上没有写，其实当时是这样的"。如果有 20 个人一起交流，想必会很热闹。

在第二轮写出英语说得好的经历。这次同样是在括号内写出具体事例，之后的流程同第一轮。

英语说得好的经历（　　　　　　　　　　　　　　　　）
1. 详细说明当时的情况。　　　　2. 具体说了什么？
—　　　　　　　　　　　　　　　—
—　　　　　　　　　　　　　　　—
—　　　　　　　　　　　　　　　—
—　　　　　　　　　　　　　　　—
—　　　　　　　　　　　　　　　—

3. 为什么当时能表达顺畅？　　　4. 对方反应如何？
—　　　　　　　　　　　　　　　—
—　　　　　　　　　　　　　　　—
—　　　　　　　　　　　　　　　—
—　　　　　　　　　　　　　　　—
—　　　　　　　　　　　　　　　—

图 6　舍弃"必须说好英语"的心理枷锁第二轮

第三轮以"为了说好英语，今后需要付出的努力"为主题，将 4 个版块填写完整并进行说明。因为是第三轮，大脑中的想法会更多，书写速度也会加快，可以尽量多写。

想法笔记能够有效改变我们的意识，不过在此我要说明几点注意事项。

为了说好英语，今后需要付出的努力	
1. 今后为了能毫不犹豫地开口说英语，应该怎么做？ — — — —	2. 届时应该说些什么？ — — — —
3. 应该准备哪些能和对方意气相投的话题，并加以练习？ — — — — —	4. 与外国人最友好的交往方式是什么？ — — — —

图 7　舍弃"必须说好英语"的心理枷锁第三轮

1. 写三张纸时分别以 3 分钟为时限，有的人能写很多，有的人只能写一半。建议大家不要在意这一点，按照自己的节奏进行即可。对书写的熟悉程度不同，写出来的内容量也因人而异，但每个人的大脑里都有各自的想法，无须过度担心。用 2 分钟时间相互说明，这一步几乎不会出什么问题，而且多数情况下，在说明的过程中会产生新的思路，或是听了对方的说明后又有了新的想法。

2. 偶尔会有几乎写不出东西的人。但口头说明时没有太大问题，所以无须在意，按流程进行即可。

3. 在 3 分钟内写完 4 个版块，这似乎是一项不可能完成的挑战。实际上正因为时间紧迫，才更容易产生想法。没有必要延长至 4 分钟或 5 分钟。也许会有人对此抱怨，但实践之后他们会发现自己是能做到的。如上文所述，即使写不出来，口头说明时一般不会有问题。

4. "3 分钟书写，2 分钟解释说明"，总共进行 3 轮，加上最后 2 分钟的补充修改时间，按计划进行整个过程即可。越是时间紧迫，越能发挥真正的实力，甚至超常发挥。通过这一活动，参加者的活力会被调动起来，对待英语的态度也会发生改变。

本节的目的是舍弃"必须说好英语"的心理枷锁，此外上述方法对于其他需要改变意识及行动的课题同样有效。如：不知如何培养下属、面试一次也没成功等，可以将这些问题分成以下三轮来解决。

1. 至今为止没能做到的事情有哪些？
2. 在什么情况下，如何做到的？
3. 今后需要做出什么努力？

此方法的优点在于，仅用 17 分钟就能有很大收获。

如果不写出来，直接用口头交流很容易拖延。因为很多人不习惯即时汇总想法并发言，所以很难踊跃地交换意见。如果分成两人一组进行交流，无话可说会很尴尬，甚至难堪。

若是让大家各自分开做笔记，可能会有人嫌麻烦，也无法统一步调，写不出来的人容易变得消极，使这种方法引起大家的非议。

使用前文所述的想法笔记就不会出现这样的问题，建议大家多做尝试。

此外，按照前文所述，可以花 3 分钟书写，2 分钟向旁边的人解释说明，之后进入第二轮。但如果在进入第二轮前再追加 2 分钟时间向另一个人解释说明，那么对于更复杂、深入的问题将有更多新的发现。

这样一来，每轮需要 3 分钟 + 2 分钟 + 2 分钟 = 7 分钟，一共进行 3 轮，最后再加上 2 分钟的收尾时间，仅用 23 分钟就能有更大的发现。

看到这里，大家或许还不明白是怎么一回事，请一定要和伙伴一起实践一次。想必大家会为自己思想上发生的变化，以及新的发现感到惊讶，并看清自己在英语学习上的心理枷锁，找到消除的方法。

第七章

只要记住这些就够了

其实，只要能理解英语对话和视频，读懂文章上写了什么内容就足够了。为此只需每天早晚各用 1 小时，看喜欢的视频内容或阅读文章。

当听力和阅读能力提升后，如果有演讲机会，接下来的目标就是如何更自由地说英语。

对于英语非母语的普通商务人士来说，只要能基本表达出想说的内容，能够应对英语会议、出差、外国上司或下属等情况即可。

我入职麦肯锡之后不得不说商务英语，那时我只是将必要的例句收为己用。虽然市面上有很多英语会话书，我自己也买过几本，但内容过多，无法全部记住。

在此我基于自己的经验，为各位商务人士列出 60 个例句，记住这些就足够了。在此基础上，大家自行添加三四十个与自己的业务相关的例句即可。当然，如果这 60 句中有不需要的例句，自行删除即可。

总之，大家需要做的就是整理例句集，收集 100 个左右与业务相关的例句并记下来。这一过程可以帮助我们掌握最低限度的商务会话，以此为原点，我们的接触范围将不断扩大，用英语交流的机会也会增加，越来越能感受到英语的乐趣。

如此一来，就不会在中途轻易放弃学习英语。跨过这道坎，英语的学习之路会越拓越宽。

初次见面时打招呼

1. Hi, nice to meet you. My name is ~~ and I'm from...
   初次见面，我叫 ××，来自 ××。

2. I'm Japanese and this is my first time to visit the US.
   我是日本人，这是我第一次来美国。

3. I am the general manager of the financing division.
   我是财务部门的经理。

4. My company produces/builds...
   我司生产 / 制作……

5. My company has offices in Japan, the US, the UK, China and Indonesia.
   我司在日本、美国、英国、中国和印度尼西亚均设有办事处。

做演示的开场白及中途

6. Thank you very much for this wonderful opportunity. I would like to explain our business plan today. My name is... and...

   很荣幸能得到这次机会。接下来我想为大家介绍我们公司的商务企划。我叫××。

7. We believe our strength is...

   我们的优势是……

8. Our weakness would be, I would say...

   我们面临的课题是……

9. There are four members in my team. I'm the director in charge of the project.

   我所在的小组共有4名同事，我是项目负责人。

10. We have three great alliance partners to make our business successful in the region.

    我们有3家合作企业，帮助我们在当地取得成功。

会议上提问

11. Could you say that again?

    能请您再说一遍吗？

12. Could you explain the part about...?

    能请您说明一下关于……？

13. Do you mean...?

您的意思是……？

会议上发言

14. Let me answer your question first.

    我先来回答您的问题。

15. What I meant was...

    我的意思是……

16. I did not mean...

    我不是说……

17. I believe we have to do...

    我认为我们应该……

18. I like John's idea and if I may add...

    我很赞同约翰的想法，如果可以的话，我想补充一点……

会议上意见相左

19. We should calm down. Let's not fight here.

    冷静一下。在这里争执也无济于事。

20. Let's take a break.

    我们休息一下吧。

21. We must have mutual understanding for the project.

    我们有必要在这个项目上达成共识。

22. I guess our point of conflict is...

我们的分歧在于……

23. We just need to clarify one point to end this confusion.

    要结束这场混乱，我们需要弄清一点。

社交聚会、聚餐时的交谈

24. We have many islands in Japan. And the four seasons are distinct.

    日本有众多岛屿，四季分明。

25. My hobby is watching movies. I just saw *Star Wars episode 7*.

    我的爱好是看电影。我刚刚看完《星球大战7》。

26. I like to go to musicals. I've seen *The Phantom of the Opera, Beauty and the Beast, Les Miserable* and other works.

    我喜欢看音乐剧，看过《歌剧魅影》《美女与野兽》和《悲惨世界》，等等。

27. When I was in elementary school, I played the piano.

    我在小学的时候弹过钢琴。

28. I eat Japanese food, Chinese, Italian and everything, but I like Thai food the best.

    我平时吃日料、中餐、意大利菜等各国美食，不过最喜欢的还是泰国菜。

29. I have two brothers. How about you?

    我有两个兄弟，你呢？

30. Japanese people usually do not speak much English, but I think we have to change.

日本人很少说英语，我觉得是时候改变了。

31. Yes, you're right!I totally agree with you.

你说得对！我百分百同意。

32. I like your dress. It's beautiful!

你的衣服真美。（对女性）

33. It was very nice talking to you.

很高兴能跟你交谈。（谈话的最后）

34. Let's keep in touch.

保持联系。

面对上司

35. Let me explain my action plan.

我来说明一下实施计划。

36. Can I try one more time? I'm sure I can succeed this time.

请再给我一次机会。这次一定能成功。

37. Could you give me three more days for the preparation?

可以给我三天时间准备吗？

38. I don't feel well today. I need to go home early today.

我有些不舒服，今天想早点回去。

面对下属

39. Could you do me a favor? I need this analysis within one hour.

你能在 1 小时内将这份分析报告提交给我吗？

40. I do not understand your explanation. Do you really mean...?

我不太明白你的意思。你是说……？

41. What was the objective of your mail?

你写这封邮件的目的是什么？

42. When do you think you can complete it?

大概多久可以完成？

和海外同事用 Skype 交谈

43. Can we start our Skype meeting now?

我们可以开始 Skype 会议了吗？

44. My boss will join us in thirty minutes, so we should start now.

我的领导会在 30 分钟内加入会议，我们先开始吧。

45. We need to coordinate our work from both sides. I guess the point is...

这个项目需要协调好双方，重要的是……

46. Can you send the simulation result today? We need the data ASAP.

能在今天之内将模拟的结果发给我吗？我们需要尽快得到数据。

在餐厅招待客人

47. What would you like to have?

您想来点什么？

48. I hope you like Japanese food. Is Sashimi OK?

希望您能喜欢日本料理。能接受刺身吗？

49. Would you like something to drink?

您想喝点什么？

50. Thank you so much for joining us tonight.

感谢您今晚的光临。

51. The restroom is straight down the hall.

洗手间从这里直走就到了。

52. Could you take our order?

可以点餐吗？（对店员）

53. It is a bit cold. Could you turn off the air conditioner?

稍微有点冷，能把空调关上吗？（对店员）

54. Check, please.

结账。（对店员）

55. We need two taxis. Could you call them up now?

能帮我们叫两辆出租车吗？（对店员）

把客人送回宾馆

56. So, this is your hotel tonight. It's one of the best in Tokyo.

您要住的酒店就在这里。这是东京最好的酒店之一。

57. I will pick you up at 8a.m. tomorrow morning. Is that OK?

我明早八点来接您，没问题吧？

58. Would you like to have breakfast together or would you rather have it in your room?

一起吃早餐吗，还是您更喜欢一个人在房间里用餐？

59. Is everything OK With you?

有什么需要吗？

60. The room has WiFi. Good night.

房间内置有无线网络。晚安。

后　记

下定决心尝试集中学习3个月

　　大家感觉如何？本书并非英语学习参考书，而是希望帮助商务人士将英语当作工具，应用在喜欢的领域中，借此跨过学习英语的第一道坎。

　　大多数商务人士每天都在强迫自己学习英语，却迟迟没有进展。本书的目的就是告诉大家如何才能坚持下去。

　　每天在思想上逼迫自己学习，不仅会给自己带来压力，还容易养成惰性。与其如此，不如下定决心，先尝试集中学习3个月，之后休息1个月。集中学习的3个月期间会积攒不少待处理事项，如果不着手处理恐怕以后会出现纰漏。

　　当然，如果能继续坚持学习自然是好的，但这对于忙碌的商务人士来说不太现实。正因为工作和家庭中总有忙不完的事情，才更需要休息。希望大家在休息期间处理好积攒的杂事，重新燃起学习英语的兴趣。

　　本书绝不提倡为了学习而学习。"This is a pen."（这是一支笔。）像这样枯燥无味的学习和记忆根本就是错的。应该将英语作为手段或工具，去探索自己喜欢或感兴趣的内容，通过浏览英语文章和视频来弥补日语报道中缺失的信息。既然是工具，自然会越用越熟练。

之后，我建议将自己喜欢或感兴趣的内容分享给伙伴，与他们交换信息，使学习变得更加有趣。说不定一激动会一起去现场看足球或橄榄球的世界杯！每隔 4 个月与同伴聚一次，相互分享有趣、开心的事情。地点就在我每隔 4 个月在东京举办的"将英语坚持到底"学习会，以及在全国各地自主举办的地区分科会。希望大家将英语作为工具逐渐适应，最重要的是乐在其中。

如果现在做不到，就永远无法改变

我本人在学习英语的过程中不止一次受挫。在留学之前，我曾多次参加实用英语技能鉴定一级考试和导游考试，但一次也没成功。

留学归来之后，我下定决心，一定要通过考试。经过努力学习，我终于拿到了这两个证书。

我对自己的英语听力没有自信，能大概听懂美国总统演讲或 CNN 新闻，英语电影就听不太懂了。为了能听懂英语电影，我曾努力过很多次，直到现在也不敢说完全听懂了。电影里面不仅有很多口语和俚语，还有很多专有名词，实在难以理解。

在本书出版之际，为彻底掌握英语听力，我正全力以赴，加紧学习。

如果现在做不到，就永远无法改变。希望读者朋友们能跟我一起，以全新的方式学之有道，乐在其中。

总而言之，我们不能把英语当作一门学问，而应把它作为媒介，去了解自己喜欢或感兴趣的内容，通过形成良性循环来激发学习的欲望，这才是现实的做法。

习惯用英语了解喜欢或感兴趣的内容，掌握商务英语

或许有很多人认为，习惯用英语了解喜欢或感兴趣的内容，与商务英语完全没有关系。足球世界杯和 Lady Gaga 的相关内容对学习商务英语有帮助吗？

的确，它们分属不同领域，用语也大相径庭。但多读英语文章，多看英语视频，渐渐理解其内容，就等于跨越了学习英语的第一阶段。

只有学习过程是令人享受的，才有可能坚持下去。这就是我们的目的。一旦越过了这道坎，英语学习就不再是一场痛苦的修行，而是成为一件令人愉悦的事情，使我们迅速进步。

英语是收集信息、与人交流的工具，因此从感兴趣的地方着手学习，最终会对学习商务英语起到帮助。

看不懂英语文章和视频，容易使我们感到无聊和厌倦。学会用英语了解喜欢或感兴趣的内容，能够帮助我们彻底解决这一问题。这样就不必担心自己无法坚持，从而自然而然地掌握商务英语。

留学对提高英语水平没有太大帮助

应该有很多朋友认为留学能够帮助自己提高英语水平。"留

学相当于把自己置身于英语环境中，英语能力自然会提高"，大家都是这么想的吧？在高中和大学时期留学，相当于被置于英语环境中，为了生活下去必须拼命学习英语。

但社会人士到外国的研究生院留学，很多时候会感到失望。接下来我将从提高商务人士的英语水平这一角度出发，稍微解释一下其中的缘由。

其实，越是国外，尤其是美国的知名大学，日本人越多，也越容易抱团。"日本人会"这一组织的运作非常到位，对我们照顾入微，还会为我们开欢迎会和有日本料理的晚会，使日本人原本悬着的心瞬间放下，甚至对其他人一见如故，很快融入其中。

如果是与家人一同留学，就会发展成家庭间的来往，甚至在暑假、寒假也会一起出门旅行。这当然很棒，但容易使留学变成"海外旅行"。因为大家都是用母语进行对话，酒店房间的电视上播放的恐怕也是日本节目。

如果读的是 MBA（工商管理硕士），为了跟上课程需要阅读大量的英语文章，频繁地进行小组讨论，毫无疑问这在一定程度上能够提高英语能力。即便如此，如果牵扯到家庭间的交往，多数情况下还是会使用日语。虽然有独自留学或与外国人交往的人，但毕竟是少数，多数日本人还是会选择与其他日本留学生交往，使用的语言自然是日语。因此，即使读的是 MBA，英语也不见得一定流利。

我当时读的是机械工程专业的硕士，班上几乎没有日本人，但小组讨论极少，而且大多数授课方式在日本也很常见。在实验、实习和编程中，顶多用到英语的只言片语。刚参加小松制作所的留学项目时，我意气风发，决心练就流利的英语，学成归来之后却完全没能掌握商务英语。

我想说的是，不是所有留过学的商务人士都能掌握流利的英语，没有留学经历也不代表英语能力不行。

即使不出国留学，只要用对方法，也一定能够掌握商务英语。对于商务人士来说，不要过度期待留学能够提高英语水平为好。

应该有不少人跟我当初一样，抱着一定要练就流利的英语这一想法去留学，现实却徒留失望。

当然，除了提高英语水平，留学还有很多益处，若是有留学机会建议大家一定要抓住。如果能去水平较高的研究生院（斯坦福大学、哈佛商学院、麻省理工学院、芝加哥大学、伦敦商学院、欧洲工商管理学院等），同学的水平也会很高，能交到珍贵的日本和外国朋友。

此外还能开阔眼界，从客观的角度看待日本，养成中立意识，甚至改善不擅长与外国人相处的情况。

不仅如此，在外资企业就职、转业的机会也会大大增加。我建议真心想要获得成长的人去留学。

对于商务人士来说，不论研究生院的水平高低，留学的一两年时间都是非常愉悦的时光。由于外国学校间的差距比日本还大，所以我建议真心想要获得成长的朋友尽量选择高水平的学校。

当然，前提是在留学前最大限度地提高自己的英语水平，在留学时将英语完全掌握，并且回国之后也不忘继续锻炼英语能力和全球商业意识。

通过托业考试学习

英语学习之所以难以坚持，原因之一是不清楚自己究竟进步了多少，没有确切的目标，学习过程就很无趣。

从这一点来看，半年考一次托业对于掌握自己的学习情况很有帮助。有些企业会要求员工参加考试，如果你所在的企业没有要求，也一定要自费参加考试。因为一个人很难坚持，各地区、各领域的"将英语坚持到底"学习会的成员可以相约一起参加考试，以此互相鼓励。

考试的分数高低带来的结果自然是有人欢喜有人忧，但据说其实里面有 50 分左右的误差。也就是说，如果你上次考了 500分，这次考了 550 分，不要觉得自己取得了 50 分的进步，要多考六七十分才算有进步，如果是多四五十分，应该看作基本没有进步。

但对考生来说，最希望看到的就是每次考试分数都有提高，因此大家不必过于严格。学习和考试很容易受到心情的影响，我也是如此。

另外，如果是第一次参加考试，由于不适应，或许分数会偏低。第二次考试的成绩会提高很多，这时也不要沾沾自喜，可以认为第二次的成绩才是自己真正的实力。

可能有人会质疑：托业真的能够用来全面测试英语能力吗？实际上，没有可以替代托业的有效手段，因此不能一味否定，否定不能带来有益的结果。

世界上不存在完美的评价方法。我认为托业考试算是较为实用的方法，大家不如作为参考。

大家一起学习英语就无所畏惧

只有极少数人能够独自学习并掌握商务英语，大部分人无法长期坚持。

若按照本书的建议，根据自己喜欢或感兴趣的领域创建群组，向伙伴表明学习目标，利用接下来的 3 个月收集、整理英语信息，3 个月后参加"将英语坚持到底"学习会东京总会或地区分科会，分享自己的成果，对于战胜独自一人的不安情绪和懒惰拖延将十分有效。

一个人的力量十分弱小，大家相互鼓励，很容易完成 3 个月的目标。休息 1 个月，恢复活力后再开始新一轮的 3 个月的集中学习。3 个月期间，你付出了多少，就能收获等量的回报。重复几次之后，相信你的商务英语水平一定会有很大的提高。

非常感谢各位读者读到这里。

欢迎大家将本书的读后感或提问发送到我的邮箱（akaba@b-t-partners.com），我将尽快回复。如果有英语学习、商务或者能力提升方面的具体问题，比如无论如何也坚持不下去、不知这种时候应该怎么做等，也欢迎发送到我的邮箱。

我已经在社交平台上创建了读者社区，搜索"'将英语坚持到底'学习会"即可找到。欢迎大家参加并与抱有相同烦恼的读者交流。

期待在"将英语坚持到底"学习会东京总会、地区分科会上与大家见面。

图书在版编目（CIP）数据

麦肯锡教我学英语：忙碌者如何坚持语言学习 /
（日）赤羽雄二著；陈曦译 . — 广州：广东旅游出版社，
2021.9

ISBN 978-7-5570-2544-1

Ⅰ . ①麦… Ⅱ . ①赤… ②陈… Ⅲ . ①英语—自学参
考资料 Ⅳ . ① H31

中国版本图书馆 CIP 数据核字 (2021) 第 161058 号

MOU KOREDE EIGO NI ZASETSUSHINAI

Copyright © 2016 Yuji Akaba

Chinese translation rights in simplified characters arranged with SHODENSHA
Publishing Co.,Ltd.

through Janpan UNI Agency,Inc.,Tokyo

图字：19-2021-167 号

出 版 人：刘志松	选题策划：后浪出版公司
著　　者：[日] 赤羽雄二	译　者：陈　曦
出版统筹：吴兴元	编辑统筹：王　頔
责任编辑：方银萍	特约编辑：李雪梅
责任校对：李瑞苑	责任技编：冼志良
装帧设计：墨白空间	营销推广：ONEBOOK

麦肯锡教我学英语
MAIKENXI JIAOWO XUEYINGYU

广东旅游出版社出版发行

（广州市荔湾区沙面北街71号）

邮编：510000

印刷：北京天宇万达印刷有限公司　　开本：889毫米×1194毫米　　32开

字数：108千字　　印张：4.75

版次：2021年9月第1版第1次印刷　　定价：38.00元